华夏智库·新管理丛书

学会爱，让幸福发生
Learn to Love
Let Happiness Happen

春天 / 著

经济管理出版社

图书在版编目（CIP）数据

学会爱，让幸福发生/春天著.—北京：经济管理出版社，2018.8
ISBN 978-7-5096-5877-2

Ⅰ.①学… Ⅱ.①春… Ⅲ.①人生哲学—通俗读物 Ⅳ.①B821-49

中国版本图书馆 CIP 数据核字（2018）第 153813 号

组稿编辑：丁慧敏
责任编辑：丁慧敏　田乃馨
责任印制：黄章平
责任校对：陈　颖

出版发行：经济管理出版社
　　　　　（北京市海淀区北蜂窝 8 号中雅大厦 A 座 11 层　100038）
网　　址：www.E-mp.com.cn
电　　话：（010）51915602
印　　刷：三河市延风印装有限公司
经　　销：新华书店
开　　本：720mm×1000mm/16
印　　张：12
字　　数：143 千字
版　　次：2018 年 11 月第 1 版　2018 年 11 月第 1 次印刷
书　　号：ISBN 978-7-5096-5877-2
定　　价：39.80 元

·版权所有　翻印必究·

凡购本社图书，如有印装错误，由本社读者服务部负责调换。
联系地址：北京阜外月坛北小街 2 号
电话：（010）68022974　邮编：100836

前　言

我在给家长们讲家庭教育课时，会问他们"什么是幸福呢？"答案五花八门，有人说，有钱有闲就是幸福；有人说，家人健康自己平安就是幸福；也有人说，干自己喜欢干的事情，并能养家糊口就很幸福；还有人说，拥有感知幸福的能力才是真正的幸福。其实在我看来，幸福是一种心智感受，而这种感受力是建立在是否会爱的基础上。

有人会说，爱不是一件很简单的事吗？事实上，我们每个人都不太会爱，往往是爱孩子太多，爱自己太少；或者以为爱孩子很多，实则孩子感受到的很少。往往嘴上说爱伴侣爱家，一不小心实际的言行举止就成了彼此对立的或伤害对方的。

做教育的这些年，我看到太多人因为家庭教育而困惑、苦恼，在教育孩子的问题上束手无策，这些人中间不乏高级知识分子、企业家或者高管。

所以，我一直心存愿望，和一批志同道合的朋友，开办一所父母学校，让更多的家长都有自爱、爱人的能力。家庭教育是一项教育工程，也是一项社会工程、国家工程，更是一项幸福工程，我将以此作为终身的事业。

家庭教育对孩子的影响最大，也对孩子的培养起到很大作用。教育孩子就像染丝，染于黄则黄，染于苍则苍，底色是关键。而父母的教育就是底色。如果父母给孩子营造的是友好、和谐、爱和担当的家庭，那么孩子的内心就会萌发一颗美好的种子，这颗种子会开花结果，这个果子注定会让孩子在未来的生活中，学会如何跟人相处，如何营造和谐的人际关系，推而广之，他也会学着如何去爱自己、爱家人。相反，如果父母的生活状态是拧巴、纠结、打斗争吵和彼此伤害，同样会给孩子内心烙上深深的伤痕。

父母和孩子的关系是生命中最亲密的一种关系。现在大家已基本达成了共识：给孩子好的教育等于给了孩子最可靠的财富。但到底给孩子的"教育"是什么，家长之间差别巨大。这个差别，主要不是理念、身份、地位或文化程度的差别，而是教育手段的差别，或者说爱的能力的差别。这些会决定你给孩子的到底是银碗、金马车还是良弓。

家庭是一个系统、一个整体。家庭中的每个成员都是元素之一，这些元素之间会有互动与影响，家庭运行良好则共同受益，运行不好，家庭成员就会受到影响。比如，夫妻关系不好，婆媳关系不佳，这些都会给孩子造成不良的影响。

事实上，我接触过有亲子教育问题的孩子，都与父母没有处理好家庭关系相关。例如，当夫妻关系失衡，孩子潜意识里想要用自己的力量去拯救弱势的一方而没有心思做自己应该做的事情；当父母用双重标准要求孩子的时候，孩子潜意识里就很难有一个固定的标准，不知道什么是对什么是错，他会表现出注意力无法集中的问题；当父母在各自权威角色上缺席的时候，孩子的内心深处就会失去权威，需要再找一个可以依赖的权威替代，网瘾等瘾症就是这样一种替代。

所以，父母对于孩子健康科学的爱，应该遵循家庭系统法则。尤其当孩子出现行为问题的时候不能单纯责怪孩子，而是要检视自己的教育方法和夫妻关系。孩子的行为像镜子一样反映了家庭系统运行的情况。

苏霍姆林斯基曾说过，"对一个家庭来讲，父母是树根，孩子是花朵，父母们常常'看到'孩子身上的问题，其实是他们自身问题在孩子身上'开花'了"。所以，教育孩子的方式，是父母先优化自己的结果；教育孩子的起点，是父母正确认识自身的问题。

很多时候，与其说是我们在教育孩子，不如说是我们在接受孩子天真纯朴的爱的洗礼。你可能也会有这样的感受，孩子远比成人懂得爱与被爱，他们身上永远有一股爱之清泉在自然地流淌。作为父母，要在养育孩子的过程中，重新寻回自己，做回健康的自己，让自己真正成长起来。我们只有自己成长了，才不会在养育孩子的过程中迷茫无助，才不会机械地沿袭我们从上一辈习得的错误方法去面对我们的孩子，我们才能真正把健康的爱传递给孩子，从而培养出身心健康的孩子。

出于以上考虑，我把本书内容分五大部分，分别是：爱自己、爱伴侣、爱家庭、爱孩子，最后让这份爱得以传承下去。爱是递进的，也是互相促进的，一个人先会爱自己，才有能力去爱别人、爱孩子以及爱家。这是一个人爱的能力提升循序渐进的过程。

所谓爱自己，就是不要为了孩子放弃一切，过度地没有自我。很多父母因为无法感受到自身的价值，于是干脆放弃自己的追求，而把所有的希望和精力都放在孩子身上，这其实相当于把自己的人生强加于孩子。父母无限制的付出，必然会有无限制的期望，而这些主观的期望往往会对孩子成长造成压力，影响亲子关系的和谐。

所以父母在爱孩子的同时也要学会爱自己，先把自己照顾好，让自己生活好，找到自己的存在感和价值感。孩子是看着父母的背影长大的，父母的形象给他潜移默化的影响，一个懂得爱自己的父母，更容易培养出一个爱自己、懂得感恩、觉得自己有价值的孩子。

教育不是灌输而是点燃，我愿意把毕生的精力奉献给家庭教育，教育的传递像是一棵树摇动另一棵树，我希望由我的起心动念，推动千万家庭，使众多父母重视家庭教育，懂得用爱唤醒自己也滋养别人，如果您在书中或我的课上受益，将对我是莫大的鼓舞，希望我们共同努力为孩子的成长和未来助力。把"让爱天天住我家"变成每个孩子现实生活中真实的样子。

春　天

目　录

第一章　爱自己是终身浪漫的开始 | 1

世界无法捉摸，能改变的只有自己 | 3

情绪是双刃剑，你控制不了它，它就控制你 | 7

提升爱的能力，拥抱幸福人生 | 11

越是爱自己的人，越能爱这个世界 | 14

女人带着使命而来 | 19

男人双肩担着责任 | 22

心存感恩之心又独自远行 | 25

给自己一个期许 | 28

你的身体是你的家 | 32

心智，才是你的真正领袖 | 35

第二章 爱你的样子，也爱和你一起时我的样子 | 41

婚姻的深度和长度，来自彼此真心的接纳 | 43

融合差异是一种能力 | 46

看到对方的特质而非缺点 | 49

自己长不大，对方也长不大 | 52

没有爱错人，只有不会爱 | 55

让婚姻成为"堡垒"，而非"牢笼" | 58

爱是积累来的，不爱也是 | 61

夫妻之间，爱出者爱返 | 64

融洽的两性关系，是让对方感到舒适 | 66

告诉对方你要的，而不是你不想要的 | 70

第三章 家是讲爱和放心的地方 | 75

用心沟通，架起维系夫妻情感的桥梁 | 77

把心放宽，好日子就来了 | 79

长相知，不相疑，天长地久 | 82

互留空间，幸福感会更强 | 85

相互扶持，夫妻才能相伴一生 | 87

诱惑当前，能抵制才强大 | 89

顶梁柱的真正含义 | 91

珍惜能吃的日子，珍惜一道举筷的人 | 93

把父母、伴侣、孩子当成"人"来看 | 94

婚姻无法挽回时，请有尊严地分开 | 96

第四章　父母爱孩子，要为之计深远 | 99

先有夫妻关系后有亲子关系 | 101

父亲在家庭教育中的不可或缺性 | 103

母亲在家庭教育中的不可替代性 | 106

孩子是唯一，不是全部 | 109

给孩子树立正面榜样 | 112

父母形象是儿女的择偶标准 | 115

所有的好孩子背后都有一对好父母 | 118

父母的生活模式，孩子有样学样 | 121

教会孩子如何爱自己 | 124

给孩子最好的礼物——家的和谐 | 127

父母要问自己，把孩子培养成什么人 | 131

成为孩子无悔选择的父母 | 134

第五章　好孩子，来自有爱的家道家风 | 137

父母好好学习，孩子天天向上 | 139

做懂教育负责任的父母 | 142

家风是最直接、最经常的教育 | 148

把孩子培养成有幸福力的人 | 153

幸福家庭都是什么样子 | 156

爱己爱人爱家，爱是修行 | 159

附　录　春天老师的分享 | 165

第一章

爱自己是终身浪漫的开始

第一章　爱自己是终身浪漫的开始

世界无法捉摸，能改变的只有自己

在我的家庭教育课上，有一位妈妈很苦恼地对我说："春天老师，我非常沮丧，在家里儿子不听我的，老公不听我的，就连家里养的一只宠物狗，在我训斥它时，它也会耷拉着脑袋不听我的。"

听着这位妈妈诉说，我心里乐了。这样的状态换作哪一位女性都会沮丧，家里唯一的女主人，竟然自己的话没人听。我问她，"那你有没有做过一些调整呢？"这位妈妈很诧异，对我说："是他们不听我的，应该调整的是他们，怎么是我呢？"

在我看来，当一个人说的话没有人听时，要么说的话没有水平、没有分量，要么就是没有带给别人帮助或者对别人无益。说得稍微难听一点就是可能这个人说出来的话全是废话，要不然，怎么可能没人听？

我们总想着去改变别人，却很少愿意去改变自己。但一个人很难改变另一个人，我们可以从改变自己开始，当自己开始改变时，世界和他人都将会因为我们的改变而改变。

尤其是作为父母，很多时候我们总想着去改变孩子，我们尽其所有地给予孩子最好的物质条件，费尽心思地为孩子规划和安排着他们的人生、事业和婚姻。有时我们也会把年轻时未曾实现的理想和梦想全都想当然地交给孩子，让他们去帮我们实现，甚至剥夺他们选择爱情和事业的权利，干涉他们的选择。我们总以为自己给孩子的安排是最好的，在自我陶醉中我们慢慢地忘记了孩子是独一无二的生命，直到孩子在痛苦与挣扎中无力地失去了自己，孩子迷茫了、无奈了、痛苦了，开始选择逃避、叛逆和对抗，直至他们的眼神中充满了敌视与仇恨。这就是很多父母付出全部去改变孩子的结果，我们以为自己为孩子付出了全部，但孩子却没有感受到我们对他作为一个独立生命的爱与关注。说到底，很多父母爱的不是孩子，而是自己的面子和虚荣心，这样的爱是自私的。我们所谓的爱已经沦为要求、唠叨、强迫和改变孩子的工具，成了我们改变孩子最大的理由和借口。

作为爱人，我们也总想去改变对方，总想把对方变成我们心目中的王子或公主。所谓的改变，是找对方的缺点和不足，确切说就是自己看不惯的、觉得不好的地方，这种改变的结果可想而知。

好在，这位学员很愿意学习，也愿意按照我教她的方法去做。我让她倒苦水，她就一股脑地说出了很多在她看来很苦恼的事。

平时在家，她经常唠叨孩子不好好写作业，不把自己的物品放回原位，不能按时早睡也不能按时起床，不好好吃饭总爱吃零食，偷偷摸摸也要玩不让玩的电子产品。她经常抱怨老公不按她的要求洗干净袜子，不能按她的要求把烟灰弹到烟灰缸，不能按她的要求在饭后就把碗筷洗干净放好，也不能按她的要求十点之前上床睡觉。她经常斥责狗狗跑进卧室，抱怨老公没有及时替狗狗清理卫生（包括洗澡、清理狗便），总之她有非常多的"不满意"，她看到的全是问题。于是，她整个人很不好，感觉生活一团糟，天天说破嘴也没人改变，还把自己弄得身心疲惫。

我拉着她的手，直视她的眼睛，用坚定又柔和的声音对她说："你太累了，今天听完课后，学会放下，放下你眼里看到的一切问题。今天开始试着改变自己，而不是改变孩子、丈夫和狗。"

"可是，孩子不做作业，我着急呀，怕他完不成。他总看电子产品，我怕他眼睛近视。他不好好吃正餐，零食吃多了不长个，这都是问题他不改怎么行？"

"亲爱的，你对孩子的关爱没错，但方法不对。同时，你对自己的要求太高了。孩子没有什么问题，孩子做作业慢，做不完让他去学校挨老师惩罚，这样他就知道自己的事情不是妈妈该操心的，他要学会自己成长。孩子不吃正餐，你就不要在家准备零食，他不想吃饭，饿他一次好了。对于看电子产品这件事，这不是一个孩子的问题，是全国人民都头疼的问题，我们成人能不能放下手机呢？如果不能，怎么要求孩子？如果你想让孩子减少电子产品的使用频率，那自己就要树立榜样，放下手机拿起书，或跟孩子一起玩一些有意义的游戏。放下孩子的问题，找找自己的问题，是不是自己管得太多了，要求太高了，太心急了？如果你能做到孩子不做作业，只提示一遍，再不多话，让他自己承担结果，他一定会自己着急作业的。"

"可是，我老公他就是很懒呀，脱下的脏袜子不但不洗，连扔进脏衣篓里都懒得做，不是塞在某个地方，就是第二天继续穿着上班，多让人讨厌呢？再说，家里养个宠物狗，他一个男人不做家务还不得给狗讲讲卫生嘛，每天该睡觉的时候，他还在磨蹭不知道干什么，十点以后不睡觉是常态，这些我看着就来气，天天唠叨都不管用。"

我说，"既然知道不管用，就不要唠叨。一个女人希望家里整洁干净，男人勤快讲卫生，都是正常的，都没错。但你没有站在男人的角度，假如我听他倒的苦水，他一定会说，我每天上班很累很辛苦，下了班还要去遛狗，本想把一天的苦闷和压力向老婆说说，结果老婆的唠叨就像紧箍咒。你觉得他能不烦吗？脏袜子他不洗，就让他继续穿，你看不惯可以帮他洗，也可以让他第二天继续穿臭袜子。至于狗狗，它作为宠物一定是为了给家里带来快乐，如果因为宠物产生了分歧或不快乐，不养又何妨？狗狗和孩子一样，它希望生在一个有爱、宽容的家里，而不是天天听着女主人挑剔和不满，那样，狗狗渐渐就不再向你摇尾，而是耷拉脑袋。"

这位妈妈听完我的开导，低声说："看来，全是我的错。"

我为她的自我认识点赞，每一个上完课的学员都能收获很多，大部分都能改掉原先的不以为然或自以为是。几个星期过后，在我都快把她忘了的时候，她在微信里留言了，说按照我的方法，她不再唠叨爱人和狗，也不再那么心急地想要纠正儿子的行为。在儿子不做作业的时候，也不再催促；儿子玩电子产品时，她也没有抢夺和责备，而是自己坐在书屋里看书。结果，神奇的事情发生了，儿子和老公竟然主动地也开始读书了。

我能听得出这位妈妈的欣喜，连她的声音也变得好温柔。看来，改变自己是多么好的一个方法，比改变别人容易多了。

所以，我们要记住：有问题永远是自己的问题，出了问题永远要先反思自己。

不要披着改变自己的外衣却拼命地改变他人。我们很难改变别人，但我们可以改变的是自己。想要别人改，自己先要变；想要别人变，自己先要改。

任何人都没有权力去改变别人的命运，也没有资格去改变别人的人生。只有你的命运和人生属于自己，我们能改变的也只有自己，改变了自己，你就可以影响别人和世界，而别人和世界都会因我们的改变而变得不同。

情绪是双刃剑，你控制不了它，它就控制你

在课上，我经常问学员，在教育孩子的过程中，感觉最力不从心又无从下手的事情是什么？很多人的回答如出一辙，尤其是妈妈们，她们总说控制不了自己的情绪。面对爱人的不理解、不同频，就会生气、赌气，甚至互相指责、争吵，这就是情绪开始惹祸了。

急着要上班，孩子却在磨蹭的时候或当大人想要让孩子做某件事，孩子偏偏要反抗的时候，大人就会"气不打一处来"，就会情绪失控。

有一个妈妈讲过一个很"经典"的场景：开始她跟孩子柔声细语地说话，但孩子却跟她顶撞，她就开始提高语调，但孩子并不买账。这位妈妈就对孩子说，自己的火正从脚下一点点往上升，可孩子并不认为妈妈真的已经生气，依然在坚持自己的做法时，妈妈终于爆发了，就像火山爆发那样，产生了"摧枯拉朽"的效果，最终以孩子的屈服和眼泪结束。

我相信，这样的场景大家一定不陌生，尤其做过妈妈的人。我也是一个妈妈，对这样的场景记忆很深刻。

后来，我研究了心理学，开始从事家庭亲子教育，这才意识到，无法掌控自己情绪的妈妈，其实是十分无助的，因为很多妈妈在面对爱人和孩子的问题时，其实是不想通过发脾气解决的，而是找不到方法。当她们被强烈的

情绪干扰时，往往会变得很脆弱，以致处理问题时显得无助或者无理取闹。

凡是无法掌控自己情绪的妈妈，都会走极端：一是情绪愈演愈烈，本来想着不发脾气，但发火生气习惯了以后，就成了惯性。加之，孩子面对妈妈一次又一次的脾气，有了抗体，要么更加倔强地学着大人的样子也开始发火；要么变得胆怯懦弱，不敢顶嘴、不敢反抗，慢慢地他们会离迷失自己，失去了自我，这样的孩子久而久之就成了别人口中的"乖小孩"。第一种孩子，跟父母硬碰硬，彼此受伤；第二种孩子，以弱示强，父母会因内疚一次次发脾气后一次次深深自责，比孩子还难过，父母这样的教育行为，都将会给孩子带来更多的迷茫混乱和冲突。

如果父母能反省、自己醒悟还算有救，但也有一类父母已经把孩子打压成了应声虫，却浑然不觉，还觉得孩子越乖越听话就越好。其实，孩子柔软的内心已经深深受到伤害。

我在课上以德国绘本《发脾气大叫的妈妈》作为教案，告诉控制不住情绪的妈妈们，情绪这把双刃剑是如何既伤人又伤己的。

绘本里，一只可爱的企鹅向我们讲述了它和它妈妈之间的经历。

今天早上，我妈妈发脾气，冲着我生气地大叫。

结果，吓得我全身都散开飞跑了，我的脑袋飞到了宇宙里。

我的肚子落入了大海里。

我的翅膀掉到了热带丛林中。

我的嘴巴插在了高山上。

我的尾巴呢？它在街上就像是个谜。

我就剩下了一双脚，跑啊跑……

我想叫，但没有嘴。我想找，但没有眼睛。我想飞，但没有翅膀。

跑啊跑，到了傍晚跑到了撒哈拉大沙漠，我累了。

这时一个大影子罩住了我。

是我发脾气大叫的妈妈开着大船来了。她已经把那些我丢掉的部分找了回来，并把它们重新缝好连上。"对不起！"发脾气大叫的妈妈对我说。然后我们就开船回家了。

这个故事看似随意简单，却独具匠心。现实中，我们的孩子就像故事里的小企鹅，看到坏脾气、大喊大叫的妈妈也会很害怕，甚至用魂飞魄散来形容也不为过。他们也想逃走，可是一个幼小的孩子，他能逃到哪里去呢？想表达心声和需要，却没有人听；想找到自己的方向，可是还不够有经验和智慧；想展翅高飞，可是被妈妈爸爸挡住了去路。最后，往往是父母一句"对不起"孩子就原谅了家长，可见孩子多么善良。故事中的小企鹅全身被缝合好后跟着妈妈回了家，其实，它还是很疼，因为它的身体已经有了伤害，它是被缝合的。

现实中的大人因为发脾气，在激烈情绪的情况下伤害了孩子，却以为道歉就能修补好。但我们的孩子是有血有肉有感情的人，他们一旦受伤就会留下痕迹，只是有的很明显，有的短时间不能显现而已。

有位妈妈，她做过心理治疗。她说在她小时候父母给定的规矩太多，很多事她都不能做，做错了事要么被母亲大喊大叫斥责，要么被父亲罚站，而且还不许哭出来，她一直很压抑。直到长大后，她当了妈妈，把这种负面的情绪带给了自己的孩子。她说在"教训"孩子以后，自己感到愤怒、悲伤、焦虑、恐惧等，源于她从小到大成长的过程中，从来没有人给她情绪上的支持和关怀。在她有负面情绪时，大人要么帮助她立刻消除情绪（买糖给你吃哦，别哭了；再买一颗给你就是了，别伤心了；明天带你出去玩儿，别气了），要么就是否定她的情绪（这有什么好哭、好气、好怕的），要么就是打压（不准哭，再哭就揍你；不准发脾气，小孩子凭什么生气）。无论采取以上哪种策略，她的负面情绪从来没有被认可、被接受过，所以，它们从来没有离开过。

这也是我上面提到的，情绪带给一个人的伤害远不是眼前的，甚至会伴随孩子一生或更长。

生活中大家不妨仔细观察一下，过得顺利、稳中有升的家庭，是因为有一个包容、平和、理智、智慧的妈妈。而问题麻烦一大堆的家庭，多是因为有一个情绪化、不成长、不进步、不理智的妈妈。

当我们实在无法掌控自己情绪的时候，不妨想想下面这个故事：

在古老的西藏，有一个叫爱地巴的人，每次生气和人起争执的时候，就会绕着自己的房子和土地跑三圈，然后坐在田边喘气休息。爱地巴工作非常勤劳努力，他的房子越来越大，土地也越来越广。但不管房地有多广大，只要与人争论而生气时，他就会绕着房子和土地跑三圈。爱地巴为什么每次生气都绕着房子和土地跑三圈呢？所有认识他的人，心里都感到疑惑，但是不管怎么问他，爱地巴都不愿意说。

爱地巴的房子和土地已经太大了，有一天他生了气，拄着拐杖艰难地绕着土地和房子转，等他好不容易走完三圈，太阳已经下山了，爱地巴独自坐在田边喘气休息。他的孙子在身边恳求他："阿公！您已经这么大年纪了，这附近地区没有其他人的土地比您的更广，您不能再像从前一样一生气就绕着土地跑了。还有,您可不可以告诉我您一生气就要绕着土地跑三圈的秘密?"

爱地巴终于说出隐藏在心里多年的秘密,他说:"年轻的时候,我和别人吵架、争论或自己生气时,就绕着房子和土地跑三圈,边跑边想自己的房子这么小,土地这么少,哪有时间去和人生气呢?一想到这里,气就消了,抓紧时间努力工作。"孙子问道:"阿公!您年老了,又变成最富有的人,为什么还要绕着房子和土地跑呢?"爱地巴笑着说:"我现在还是会生气,生气时绕着房子和土地跑三圈,边跑边想自己的房子这么大,土地这么多,又何必和人计较呢?一想到这里,气就消了。"

每个人都有情绪,情绪是人的本能反应,但人应该学会掌控自己的情绪,而不应该一味地被情绪所左右,如果一个人连自己的情绪都管理不好,过于情绪化,常常搞得自己焦头烂额,又怎能让所爱的人幸福呢?同时,过于情绪化也会严重地伤害别人。如果我们有了负面情绪,就要往好处想,发火是为了什么,是自己内心不强大还是曾经受过的伤没有治愈?再试试每次有了情绪想要爆发时,默念六秒,克制十秒。

提升爱的能力,拥抱幸福人生

我在课上经常强调,一个人需要有爱的能力,才能拥抱幸福人生。很多学员问,怎样才算是真正爱的能力?在我看来,这种能力是自己已经有的东西，可以分享给别人的东西，而不是自己没有的去问别人要的东西。当一个人内心没有足够的爱时，他是没有能力真正去爱别人的，而是想要在一段感情中不断索取爱。

在众多因为情感问题、教育问题来咨询的案例中，我发现一个共性现象：这些来访者缺乏爱他人的能力。一个人，如果不能真诚地、谦恭地、勇敢地和有纪律地爱他人，那么在自己的情感生活中，出问题的概率大大增加。从这个角度看，出现情感问题，有时是因为爱的能力有问题。

给大家分享一个非常有爱的案例：

小霜看上去年轻漂亮，40岁出头的年龄，人们总错把她认成不到30岁。在公司是业务骨干，在家操持一家老小，从无怨言。丈夫孟凡，婚后不久就得了一种慢性病，身体一直不好，每月的医药费很高，渐渐地，他的身体状况都无法维持正常的工作了，大部分时间都是躺在床上，天气好的时候，搬一把藤椅半躺在院子里，笑着看孩子们游戏或是拌嘴。外人看见这个情景，总是在心里叹息：唉，一个废人。

小霜周围的朋友总是替她不值，劝她趁着年轻漂亮，不要把自己耗在一个病秧子身上，而且上有老下有小，负担重，不如赶紧离婚找一个好归宿。而小霜听了只是笑笑，不做回应。在她心里，丈夫虽然有病在身，经济上收入少，但他依然是家里的顶梁柱，情感上的顶梁柱。

她的丈夫，不能赚钱也不能分担家务，却有一颗乐观积极又善解人意的心，孩子考试没考好，回到家里哭，他将孩子拉到身边，细语安慰，告诉孩子一次考坏了没什么，比别人考得差也没什么，只是下一次一定要考得比这一次好才行，做一个不断进步的自己，才是最要紧的。孩子依偎着他，认真地点点头，笑容又重新绽放在孩子的脸上。小霜在工作上遇到棘手的难题，很苦恼，他看出来后，晚上温柔地抚摸着她的头发，帮着她细细分析难题的症结在哪里，提出自己的建议，经他这么一分析，她的思路一下子清楚了，难题也迎刃而解，真是旁观者清当事者迷。

婆婆和儿媳如果有了矛盾的苗头，丈夫提前就能感知到，他马上很好地起到黏合剂作用，先来到自己妈妈身边，握住老人的手说，妈，我给您老人家讲个笑话——笑话讲完，老人"扑哧"笑了出来，看见老人高兴了，他再细说做媳妇的不容易，说到最后，老人摆摆手说："你别说了，是我不对啊，不知道体谅孩子的难处。"

小霜知道，丈夫是一家人的精神核心，有他在，一家人就算再难，也可以这样相互扶持着快乐地生活下去。小霜从来没有抱怨生活，在她的脸上很少看到眉头紧皱的表情，反而是逢人笑眯眯，整个人看起来很年轻。

小霜和孟凡的故事，让我经常思考，维系一桩婚姻真正靠的是什么，品质？责任？良心？道德？这些东西，最后都是很脆弱的吧？天底下谁是傻瓜？谁愿意什么也得不到，只是维持着一个婚姻的空壳？真正维系婚姻的就是爱的能力。孟凡虽然有病，但他依然有爱的能力，没有自暴自弃，也没有愁云惨淡，而是用另一种方式让家平稳前行，正因如此，小霜感到生活并不压抑，反而很踏实。小霜有爱的能力，才能把外人觉得苦的日子过得波澜不惊。老人也有爱的能力，能在儿子开导下，意识到年轻人的不容易，知道体谅媳妇。

平凡生活中，谁家没有磕磕碰碰，大小矛盾？有了爱的能力就会变不和谐为和谐，过出平静和幸福。

亲密关系不顺畅、财富不佳、身体亚健康等，貌似所有的原因都跟我们不爱自己或爱己及爱人能力不足有关。

很多人经常会问别人，你会选择一个你爱的还是爱你的人？绝大多数人都会回答找个爱我的人。是的，很多人都在期待一份被爱的爱情，都希望得到别人的关心爱护，试问，人人都抱着这样的心理，都在找一个爱自己的人，那什么时候才找到呢？作为个体又凭什么让别人毫无保留地爱你呢？

人们是否都害怕受伤，害怕付出，所以才愿意找个人来爱自己？如果遇到一个爱自己的人，是否就可以为所欲为，或依仗着这份被爱在爱情中占领主角的地位？在我看来，爱是相互的，也是平等的，每个人都需要学习爱的能力。学会爱，整个人会变得丰满起来，这种爱不仅会影响到恋人，同样会影响到家人和朋友。不可否认，我们都享受被爱，这种感觉像是受到别人的重视，你的要求、你的骄横、你的不满足、你的不断索取都会因为被爱而变本加厉。因为，你爱我，但我没有那么爱你。

在生活中我们要不断培养爱的能力。付出的是自己的爱，收获的是一分开心与安慰，如果内心得到了开心和安慰，生活会更加的舒心、顺心，这样的感觉不正是幸福人生该有的样子吗？

越是爱自己的人，越能爱这个世界

从事家庭教育工作以来，我接触了形形色色的父母，广泛了解了一些上课的妈妈，其中有一类妈妈，我非常心疼。她们有一个共同的特点：特别富有自我奉献和牺牲精神。有的为了照顾孩子，放弃了原本不错的工作，成了全职太太；有的为了给孩子买一件名牌衣服或鞋子，自己宁愿买地摊货；有的为了给孩子报一个课外学习班，自己宁可放弃一套护肤品。可能大家会说，哪个妈妈不是这样的呢？让我说，这样的牺牲精神不值得提倡。特别是有些妈妈"奉献"得心不甘情不愿，如果孩子没有达到自己的预期，就会对孩子抱怨，我不上班都是为了你，你怎么不争气呢？我省吃俭用还不是为了让你生活得更好，你怎么能这么回报我呢？

我相信，说这些话的大有人在。我心疼这些妈妈的过度牺牲和抛弃自我。为什么有了孩子一定要以放弃工作为代价？为什么要给孩子吃好穿好而委屈自己？这样的做法，就是不爱自己。一个不爱自己的人，怎么可能推己及人，爱别人？

作为父母，永远不要作践自己来爱孩子。我认识一位父亲，一辈子深爱自己的孩子，为他付出一切，自己省吃俭用，拮据一生。到头来，不仅得不到孩子的尊敬，反而遭到怨恨和嫌弃，令人唏嘘。放眼当下，这样的情况还不在少数，究其根源就是：父母太不把自己当回事了。

举个例子，恋爱中的两个人，如果一个人为了讨得另一个人欢心，不惜放低自己，作践自己去讨得爱情，最后可能换来的并不是对等的爱情，而是一句轻描淡写的"谢谢"，只是感激，没有爱意。

同样道理，父母贬低自己并不能使孩子变得高贵，孩子只能从中学到"我不配，我不值得，我不应该拥有好的"，在父母无畏的自我牺牲中，孩子看不见任何滋养，看到的只有殷殷的期盼和不堪的重担。

对一部分具有奉献精神的父母来说，他们潜意识里的付出是要回报的。

比如，父母吃苦是为了让你好过，我们对自己的不舍得是让你享受等。

事实上呢？孩子心里是这样想的：

剥削你并不能让我受到滋养

把你碗里的饭倒进我的碗

看你拿着空碗

并不能让我得到安慰

牺牲你自己来满足我的需要

那并不能让我幸福快乐

所以，还是我在前面提到的一点，一个人越是爱自己，才有能力爱别人，同时，你爱自己后再爱别人，被爱的人就不会容易产生负担。

要教育好孩子，首先要学会爱自己。即关照自己的身体、关照自己的情绪、关照自己内心的需要，接纳自己，调整出自己最好的生命状态。这样，我们才有能力去爱和接纳孩子，才能和孩子有个好的互动。孩子总是在有样学样，他（她）在感受你、模仿你，并从你这里建立对这个世界的最初的信念、思维模式和人生模式。如果在你和孩子之间、你和家人之间存在一种正向的能量，孩子作为最敏锐的感受者，他会感觉到安全和温暖，感受到尊重和学会独立，这一切都源于我们对待自己的方式。多少时候，我们忽略了自己的身体、忽略了自己的情绪、忽略了自己的满身压力，我们带着这种状态去教育孩子，就像一个一触即破的气球，爆炸随触即发，负面的毒素像喷射的水龙头，毫无遮拦地射向孩子稚嫩的心里。所以，不要用委屈自己去爱孩子，那样孩子会有负担。

安裴密老师讲过一个他自己的故事，我们看看他是如何做到关爱和敞开

自己的:

我儿子迈克尔12岁的时候想要一双运动鞋。当时我们住在美国加州，我们去了一家很大的鞋店，里面有各色运动鞋。

前排有三个大鞋架子，是没卖出去的正在打折的老款，大约20美元，在后排都是比较贵的鞋，从100美元到500美元。

迈克尔去后排看那些贵的鞋了，我则在看架子里的便宜鞋。我想，这些鞋子也很好呀，我又不用非去穿那些最新款，比如乔丹的鞋子，这些鞋子非常完美。我可以买3双，也只要60美元，所以我就跟迈克尔说："这些鞋很棒"。

他说："不，爸爸，你来这儿。"

我就去了他那边，发现他看的那双鞋是450美元，全新还有气垫。

我说："你买那些便宜的吧，那些也一样好的，你也不需要非得是带气垫的鞋，那些打折的我可以给你买两三双呢。"

他说："不，爸爸，你允许我买双鞋，我就想要这个，你买那个便宜的吧。"

这时，我对自己说，这可不好。

我说："好吧，你穿它上吧，它看起来很好。"我就为迈克尔买了那双鞋后。

我又问那个营业员："他脚上的那双鞋是最贵的吗？"

营业员说："不，我们刚到了别的新款，是乔丹的款，750美元，在最后面呢。"

我说："给我拿来看看。"

迈克尔说:"爸爸你干吗呢?"

我说:"我想买那双。"

迈克尔说:"别!爸爸,你不能这么做,我得要那个贵的。"

我说:"不,我已经给你买了这双,你就坐下来慢慢享受它吧。"

营业员拿来了,我穿上它后感觉我都快飞起来啦!感觉是那么好!

我问:"你们只有这一个颜色吗?"

营业员说:"不,我们有三种颜色呢。"

我说:"把三种颜色都拿来!"

最后,我买了三双750美元的鞋子,而只给迈克尔买了一双450美元的鞋子。

我们回家的时候,迈克尔看着我,说:"爸爸,我真为你感到骄傲。"

我说:"为什么呀?"

他说:"你以前从未这么做过,你总是认为你要给我更多,但是现在,你真的不同了,你懂得怎样爱自己了。"

自那之后,凡是一切我家人想要的东西,我都会满足他们,但同时,我也会给自己买一样更贵的。

这个故事给我们传达了一个全新的信念:要把好的东西留给别人,也要记得把更好的留给自己。这个信念系统不仅是父母对待孩子,也适用于夫妻之间。

比如,夫妻在相处时,如果总是以对方的感受为先,明明自己今天想吃红烧肉的,可为了照顾对方的感受选择对方喜欢吃的而放弃了红烧肉,那么时间长了,双方都没有得到真正的快乐,终究会不欢而散。越是处于亲密的关系中，越要照顾自己的感受。这个世界，爱自己才是真理，没有谁会一直照顾你的感受，除了自己。尤其是女人在结了婚后不要总是以照顾家、伺候老公、照顾孩子为由就忽略了自己的需求。婚姻之中，爱是相互的，在和自己在乎的人相处时，更不能失去自我，敢于表达自己，重视自己的感受，婚姻才能更幸福，家庭才会更和睦。

我们要给让自己安全感，如果自己没有安全感的话，就没有办法去爱别人。当自己建立了强大的自尊心、自信心，有自我价值感时，就不怕被伤害，就能更多地去爱别人。我爱他人的时候，他人也会爱我，从恶性循环变成良性互动。

女人带着使命而来

有人说，好女人是男人的学校；有人说，推动摇篮的手也是推动世界的手；有人说，如果世界没有女性，那么这个世界将会失去 5/10 的真、6/10 的善、7/10 的美；没有女性，我们不可能拥有一个多彩的世界。有人说，一个家庭，哪怕家徒四壁，只要有一个正直、善良、勤劳、乐观、有见地和三观极正的母亲，就是子女最大的福报，就是家庭最大的福气。也有人说，女人是天使，来人间播种快乐和幸福。女人是温馨家庭的"黏合剂"，没有女人就没有"家"。

之所以普世价值观里给了我们女性这么多的"高帽"，其实作为一个女性，尤其是一个母亲来说，我认为，这些无非是强调现代女性的价值和使命。

一个女人来到世上同时扮演着三种角色：女儿、妻子、母亲。

一个女人的时间，过得好像比旁人更快些。好像昨天还娇笑着跟爸妈撒娇，转眼间，就成了别人的妻子，孩子的母亲。

在当女儿的时候，原生家庭的影响会伴随我们一生，长大成人后过得是否幸福很大的因素都来源于原生家庭的家庭关系是否优质温暖，而原生家庭中的最重要角色不是别人，正是母亲。如果母亲教会我们如何从容地、自然地去做一个女人，享受自己的女人角色，运用自己的女性能量，那么，有一天当初的小女孩长大了，为人妻为人母，她的人生将从这样的传承中汲取养分，从而继续当一个好母亲、好妻子，惠及自己的下一代。这种传承与爱的接力，就是女人的价值和使命。

女人在扮演这几重身份的同时，要不断提升自己的素养，智慧经营和美的家庭；相夫教子，为社会输送人才，维持小家和大家的稳定。也许有人会说，春天老师把女人形容得太高大上了。女人又不是救世主，没了工作连自己都养不活。是的，在这个物欲横流的社会，做一个合格的"天使"的确不易，既要有闪光的事业，又要时时为家庭操劳；既要操心老公，又要担心孩子。当身心憔悴时，我们曾经作为男人的一根"肋骨"，如果还想被骨中骨、肉中肉般疼惜，而不是变成食之无味弃之可惜的"鸡肋"，必须要有一种以不变应万变的气度，这种气度就是大度和包容。

这是一个容易令人急躁的世界，人很容易因为情绪失控而引发争吵与矛盾。但是，也有很多内心强大的女人，以不卑不亢的宽容姿态，有人格魅力地活着，越来越富有，越来越美丽。当然，也越活越快乐。

大度与包容的女人，体现在外的是尊老爱小敬夫。从不会将夫妻之间的过错推于一方，更不会一味埋怨，无限地放大婚姻里的痛苦，更不会在亲子之间过分地对孩子严苛与批评，她知道那样只会给他们留下阴影。很多女人纠结于婚姻的好坏，却忘了常怀宽容之心。

所以，宽容的女人通常都能获得幸福。毕竟，宽容者让别人愉悦，自己也快乐！

在普世的价值观里，有这样一些说法：一个家庭幸不幸福，80%以上取决于女主人；有一种女人嫁给谁都幸福；一个男人的幸福是自己的福，一个女人的幸福是全家的福；女人决定了上一代人的幸福，这一代人的快乐，下一代人的未来。

可见一个女人的确是婚姻的主导者，也是一个幸福家庭的缔造者。否则就不会有一个好女人幸福三代人的说法了。

有戏称，若你父亲娶错了女人，那么你的童年将会生活在痛苦之中；若你娶错了女人，那你的中年也将生活在痛苦中；万一你儿子再娶错了女人，你将会在孤独痛苦中了此残生。

虽是戏说，但其中蕴含的深意也是值得我们去思考的。尤其一个在婚姻中的女性，需要认真对待这个问题，让家庭幸福、让婚姻永续这是莫大的殊荣和使命。

杨澜在采访比尔·盖茨时，问他一生中最聪明的决定是创建微软还是大举慈善？他回答都不是，找到合适的人结婚才是。沃伦·巴菲特曾经也谈过，认为自己人生中最重要的决定是跟什么人结婚，而不是任何一笔投资。

诺贝尔文学奖得主威廉·戈尔丁也赞扬女性，他说："我觉得女人们自称与男人是平等真是太傻了；一直以来，女人都比男人优秀。无论你给女人什么，她都会给你更多回报。

你给她一个精子，她会给你一个孩子。

你给她一所房子，她会给你一个家。

你给她一堆食材，她会给你一顿大餐。

你给她一个微笑，她会给你整颗心。

总之，不管给她什么，她都会加倍回报。

所以，如果你给她任何废物，那么请准备好收获成吨的垃圾！"

可见，女人在家里是何等重要。鉴于此，我认为一个护家有方的女性，是幸福的缔造者。在家庭里，如果女人能够拥有真正的幸福感，那么这种气息会自然而自然地影响到男人和孩子，从而使得这个家庭拥有一种舒适放松的状态，这应该就是女人最大的使命和价值。

男人双肩担着责任

《三字经》里讲"养不教，父之过"。虽然这句话有当时那个年代男权思想的体现，但不得不说，从古至今的专家学者们都在强调父亲在教育孩子方面的重要性和不可或缺性。从汉字的拆解分析上来看，"男"字字面上代表用力气种田的人，推开来看，一个家爸爸就是支柱，这个支柱不仅体现在能挣钱养家，让妻儿衣食无忧，更多还要学会如何付出时间和爱，让他们在顶梁柱的庇护下，过安全平静的生活。这就是男人的责任。

来我们家庭教育课堂听课的80%是妈妈；问起每个家庭的教育问题，能滔滔不绝讲出来的80%是妈妈；向我咨询孩子学习问题的80%是妈妈；那些感觉孩子不好教育苦于找不到方法让他好好学习的，80%是妈妈。在学校的家长会妈妈总是比爸爸参加得多得多，甚至有的班主任在任教几年中几乎没见过孩子的爸爸。

我也经常听到妈妈们抱怨："孩子爸从来不管孩子，从小到大都是我操心。"这样的发声代表了大多数的妈妈，在中国，父亲在教育孩子上的缺席是种普遍现象，也是非常严重的现象。孩子从小接触的大部分教育来自女性，隔一辈的奶奶、姥姥，即便不是隔代抚养，大部分也是妈妈教育孩子。

爸爸去哪儿了？很多爸爸看到这儿一定会说，爸爸当然是挣钱呀，在外奔波呀，努力当成家里的顶梁柱呀。还有一类爸爸也许会说，教育本来不就是妈妈的事吗？教育拼妈，经济条件拼爹嘛，干吗还要让爸爸围着孩子转呢？

大部分人都信奉"男主外，女主内"的思想，即使目前提倡男女平等，女人一样和男人在外面打拼，但是回到家，家里的大部分家事还是要靠女人来打理和照管，其中对于孩子的照管则是女人最重要的一项"任务"。所以，这种根深蒂固的观念造成了人们想当然地认为，照管孩子是母亲的事，在外挣钱给孩子打下一个好的物质基础才是爸爸要操心的事。这种观念会让男人在教育孩子上"不主动"，认为这不是自己首要的任务。即使有少数爸爸们想要参与，也会被一些妈妈们阻拦说"这是女人该干的事，你们男人应该干大事，挣大钱"。为此，我也访问过很多爸爸们，在他们的潜意识里，大部分男性都认为，教育孩子是女人的"工作"，而自己更重要的责任是赚钱，当好经济支柱。

有一次有位妈妈在课后跟我抱怨，自己的丈夫属于那种打拼事业顾不了家的人，为此，妻子很苦恼。她觉得丈夫挣钱是不容易，但工作之后，丈夫基本就不管家，甚至都不知道孩子在幼儿园的哪个班。平时不上班的时候，他宁愿跟朋友出去消遣和放松，很少在家里，他也不愿意陪孩子"闹腾"。因为他的这种心态，导致孩子和爸爸不亲近，凡事总需要妈妈。我严肃地对她说："你要试着放手，让他多陪孩子。"但她却说："他说给孩子的比我给的多多了，他拼命赚钱，给孩子任何想要的玩具、好衣服，将来还可以给孩子报他喜欢的兴趣班，甚至供孩子上名校，说不定还能送出国门呢。再说，娶老婆干吗？不就是在家打理好家务，相夫教子嘛，如果爸爸又赚钱又陪伴孩子，还能是男人吗？应该是超人才对。"听到这里，我明白了，在丈夫的心里，他给孩子的爱就是物质的供给，以及女人才是真正主内的人。而我恰恰想说，爸爸更应该给孩子精神供给，最大的精神供给应该是陪伴。

我看过一则关于北欧男人的报道，在那里，男人常挂在嘴上的一个词就是：生活品质。瑞典有句老话：钱是可以储存的，而时间是不能储存的，你怎么花时间，决定了你一生的生活质量。选择被房子、车子、票子充满的人生，还是被孩子、妻子、园子充满的人生？北欧男人选择后者，因为他们要的是品质，而不是物质。

在瑞典，很多男人格外重视孩子、妻子、园子，超过房子、车子、票子。也许有人会说，那是因为他们有一年的带薪产假，政府鼓励生育。你说得没错，但是，更重要的原因是，他们认为被孩子妻子包围的家庭生活更幸福，更踏实。就像有个先生说的那样："因为我一天看不见我的孩子，不给他讲故事，不在他的小额头上亲一下，我就什么都做不了，人生没有意义了。如果错过了孩子叫第一声'爸爸'，我可能恨不得撞墙。"

这个报道一点儿都不夸张，瑞典男人爱孩子是出了名的。在路上经常看到胳膊上都是文身，却在胸前兜着一个婴儿，手上牵着一个孩子，拎着购物袋的金发帅哥，他们慢吞吞地走着，时不时地往街边的店铺里张望一下，仿佛心里在默算还要添置的东西。公园里也有推着婴儿车晒太阳的奶爸，换尿布的时候把孩子的小腿并起来往上一抬，手底下一拽一塞，动作十分娴熟。

之所以举这个例子，是想说，我们中国的男人太过于注重自己"高大上"的一面，却忽略了家里温情的一面。当然，一个家里，大多数的男人是经济支柱不假，但是，如果一个男人只会赚钱，不会付出爱和时间陪伴家人，充其量是赚钱的机器或提款机，他的人生也有缺憾。

如果上一小节我说大度包容是女人的使命，那么一个会生活、赚钱的同时更兼顾妻儿情绪和感受的男人，则是男人最大的责任。

心存感恩之心又独自远行

我喜欢的女作家毕淑敏说过：

我喜欢心存感恩之心又独自远行的女人。

知道谢父母，却不盲从；

知道谢天地，却不自恋；

学会爱，让幸福发生

知道谢朋友，却不依赖；

知道谢每一粒种子、每一缕清风，也知道要早起播种和御风而行。

这种人，无论男女，内心一定是笃定和强大的。他/她感恩当下，又有远方，知道自己的方向。

感恩不是完成一项任务、感恩不是证明一个道理、感恩不是体现一种风格，感恩是发自内心意识到了自己的富足，发自内心体悟到：人生一世，我所获得的远远大于我能付出奉献的。感恩是欢喜之源！

无论是从自身出发，还是从配偶角度，一个人一旦意识到自己的富足，就会由内而外散发一种淡定和从容，表现在外的就是不急不躁，不和谁争抢，那么这样的人，即使偶尔遇到挫折和不顺利也会用另一个角度看问题，从而不怨天尤人，也不把责任和过错推到别人的头上。这也是另一种爱自己的表现。

我在做家庭教育工作的过程中也常常发现，有些家长身上也充满负能量，特别喜欢抱怨，抱怨生不逢时、抱怨嫁错了老公、抱怨不该生孩子、抱怨没有早一点离婚，甚至抱怨来到这个世界上。可是抱怨有用吗？越抱怨，体内积聚的负能量就越多，就越无法看到自己所拥有的幸福，甚至会变得更加愤世嫉俗乃至抑郁，有的人甚至想到轻生。当然，经过家庭教育课，大部分人能意识这个问题，经过互动和学习，学员们基本上改变很大，当他们把抱怨变成感恩的时候，就会发现，天还是那个天，人还是那个人，事还是那个事，但心情却变得开朗乐观。他们都很认同我常说的一句话：只感恩不抱怨是幸福人生的秘诀。而我们做父母的人，无非是想要把孩子教育成懂感恩不抱怨的人。

分享给大家一个故事：

有一个作家出差时，无意中坐了一辆非常有特色的出租车。这辆出租车的司机穿着整洁，车里也非常干净。作家刚坐稳，就收到司机递来的一张精美卡片，上面写着："在友好的氛围中，我会将我的客人最快捷、最安全、最省钱地送达目的地。"看到这句话，作家很感兴趣，便开始和司机攀谈。

司机说："请问，您要喝点什么吗？"作家诧异："这辆车上难道还提供饮品吗？"

司机微笑着说："对，我不但提供咖啡，还有各种饮料，还有不同的报纸。"作家说："那我能要杯热咖啡吗？"司机从容地从旁边的保温杯里倒了一杯热咖啡给作家。然后又给了作家一张卡片，卡片上是各种报纸的名称和各个电台的节目单，如《时代周刊》《体育报》《今日美国》，十分全面。

作家既没有看报，也没有听音乐，和司机攀谈了起来，其间这个司机善意地询问作家，车里的温度是否合适，是否要走离目的地更近的路。作家觉得温暖极了。

司机对作家说："其实，刚开始，我的车并没有提供这样的服务。我像其他人一样，爱抱怨糟糕的天气，微薄的收入，堵车严重得一塌糊涂的路况，每天都过得很糟糕。但是，自从我跟着一位老师学会感恩不抱怨的课程后，开始让自己改变。

第一年，我只是微笑地对待所有的乘客，我的收入就翻了一倍。

第二年，我发自内心地去关心所有乘客的喜怒哀乐，并对他们进行宽慰，我收入比第一年翻了一番。

第三年，也就是今年，我让我的出租车变成了全美国都少有的五星级出租车。除了我的收入，还有我的人气上涨了，现在要坐我的车，需要提前打电话预约。而您，其实是我顺路载的一名乘客。"

这位出租车司机的话，让作家惊讶极了。作家不禁反思自身，其实在日常生活中，自己也是抱怨很多。他决定改变自己，他将这个司机的故事写成一本书。后来有读者受到启发后试着去改变自我，生活真的发生了改变。这种改变让作家知道了，停止抱怨的力量是多么的强大。

当一个人学会只感恩不抱怨，自己的路一下子就会宽阔起来，不再抱怨环境、不再抱怨生活，也不再抱怨妻子或丈夫、孩子和老人，这样无论走到哪里都带着满满的正能量，让别人快乐的同时，也让自己富足起来。

给自己一个期许

由于工作原因，我接触了大量的女性学员，有的是因为孩子教育问题来上课的，也有因为和丈夫、公婆关系处理不好来咨询的，还有的学员在课上分享成功的育儿之道和家庭和谐相处秘密的。后来，我渐渐发现一个有趣的现象，凡是把自己打扮得靓丽有活力，并且活得年轻漂亮的妈妈们，都是家庭事业孩子兼顾得顺风顺水的人。反之，那些整天愁眉苦脸、怨声载道的学员们，不是没有处理好家庭关系，就是工作不顺利。归根结底，之所以有这么大的不同，我认为，前者给了自己期许和愿景，后者则没有。

何谓期许？就是当我们是一个女性的时候，我们不仅仅要活出潇洒独立的自我，还要想着起到"黏合剂"和核心主导的作用。

女性身份赋予一个女孩渐渐成长为女人的力量，这种力量是阴柔的，是可接纳的。像流水，没有蹚不过去的坎，绕不过去的山；也像野草，无法回避冬日的凋零，却也不错过任何一个重生的春天；更像花朵，任红尘来来去去，亦不辜负年年岁岁的花期。

在一个家庭里，如果女人能够拥有真正的幸福，那么这种气息会自然而然地影响到男人和孩子，从而使得这个家庭处于一种舒适放松的状态。

什么是婚姻的幸福感？很多未婚的女孩都曾经期许过自己是未来的彩霞仙子，暗暗怀想未来可以找到骑着白马把自己宠上天的俊美勇士，又或是踏着七色祥云的盖世英雄。一旦踏入婚姻，才会发现，婚姻跟爱情完全不同，婚姻是久处不厌、是长久的相互理解和包容；而爱情，是乍见之欢、是短暂的荷尔蒙泛滥和冲动。

所以，恋爱只需要"对眼"，但婚姻更需要智慧。在我看来，智慧就是女人对自己的一种期许。希望自己未来是什么样的人生？是拧巴的还是顺畅的，是平和的还是暴躁的，是夫妻和美、孩子懂事还是家里硝烟四起的。看到这儿，可能有人要反驳了，当然每个人都希望拥有幸福人生，谁也不希望家不像家。事实上，很多婚姻中，夫妻过着过着就偏离了方向。如果女人心里都能对自己存有愿景，发现生活中有偏离现象，及时纠偏，那么方向还是能很快修正。

小围是个美丽爽朗的女孩，无论从家庭背景还是外貌跟男朋友都十分般配。谈恋爱时，男友酒桌上应酬，小围知道他胃不好，情急之下，亲自上阵帮忙挡酒。甚至男友有一次喝多了，走路不稳，她竟然能充当女汉子，背着男友走。结婚头几年，两人也跟别人一样，处在磨合期，常为小事吵架。小围不能理解，这个婚前那么疼爱自己依从自己的男人，婚后怎么变样了，这么爱发火爱挑刺？

但是，现在小围结婚八年了，婚姻生活过得还蛮幸福。她说："结婚之初，以为吵架时，我的声音盖过他才算强，争论的时候，非得争个高下才算赢，而现在知道用不吵架的方法达成共识才是高明的办法。"有人问她，你具体是怎样做的？小围回答了一句特别精彩的话，她说："我只有把自己变得通达了，婚姻才有了'眉目'。因为我当时给自己的期许是，用自己的力量收获幸福的婚姻。"

原来，当初小围发现争吵有愈演愈烈之态，她开始思考，究竟是婚姻埋葬了爱情，还是这个男人变了，其实细想都不是。是两个人变成最亲的人之后，彼此不再小心翼翼，把以前不曾露出来的缺点或不足都坦露出来了，如果不能接纳、不能换角度，肯定会出现鸡蛋里挑骨头的问题。小围觉得自己要先改变，认为自己从小在家就是姐姐，有事总让着弟弟，现在老公虽然比自己大，但也像一个还没完全成熟的弟弟，包容他一下又有什么不妥？于是，再遇意见不合的时候，小围开始让步，按照老公的意见来。这样几次，丈夫也觉得总是自己说了算不太好，开始主动让步，想听听小围的意见。就是这样，两个人有商有量，婚姻过得一点儿也不拧巴了。

好的婚姻，不是一味地要求对方对你好，而是要让你自己变得更好。当你变得更好时，你会发现，当初困扰你的一切，全都烟消云散。

也许有人会说，婚姻是两个人的事情，只有一个人做得好是不够的。话虽如此，但正如美国神学家尼布尔说的，"愿上帝赐予我平静，能接纳我无法改变的事；愿上帝赐予我勇气，能改变我可以改变的事，并赐予我智慧，让我能分辨这两者的不同。"只要两个人有相爱的基础，婚姻完全可以由不好走向很好，由很好走向更好。

有个家庭主妇，曾经把责任推到别人头上，凡事抱怨命运不济，是自己命中注定找不到幸福，不知不觉自己也变得消极抑郁。上了课后，她学到了很多，用她的话说，自己开悟了很多。一天早上醒来，她默默按照我教她的方法，先从自己这边找找问题，她默默给自己一个期许，一整天都不再批评别人，看看结果会变得如何。

整天下来，她惊讶地发现，扣掉那些批评的言辞，她居然话少了许多。

当天晚上，她惊讶地发现停止批评后所带来的结果：想打电话鼓励一位正处于挫折中的朋友，想请求先生对一个错误决定的谅解等，这些想法都很自然地出现在她的心灵中，因为不再有批评的意念来扰乱自己。

所以，给自己一个期许，就要知道自己要去争取什么，要懂得舍弃什么。

千万别做三心女人：在家里放心、想起来伤心、看见了恶心。

千万别做三转女人：围着锅台转、围着先生转、围着孩子转。

千万别做三瓶女人：年轻时当花瓶、中年时当醋瓶、老年时当药瓶。

一定要做三立女人：经济独立、思想独立、能力独立。

一定要做三养女人：修养、涵养、保养。

我想，做到这些，大概就是对自己最好的一种期许吧。

● 学会爱，让幸福发生 ●

你的身体是你的家

我们每个人都听过一句话，"身体是革命的本钱"，如果完美的人生是一百分，那么健康的身体是1，后面关于名利、钱财、爱情、婚姻、家庭等才是后面一个又一个零。所以，当我们有幸成为一个人，并能进行独立思考和行动的时候，应该感谢造物主的神奇和父母的爱，让我们成为一个有形的生命体。

爱自己的最高标准是爱自己的身体。因为，对于每一个独立的个体，你的家不是父母的原生家庭，也不是你后来组成的新家，而是你的身体。

没有生过病的人可能不知道身体无恙的可贵。于娟写过一书《此生未完成》，因为身患绝症不得不抛下丈夫和年幼的孩子以及年迈的父母。她告诉人们，一个人爱自己，先要让自己健康，然后才能有后续的一切可能。

人有欢喜、快乐，身体才能好，所以欢喜和快乐是身体的本钱。

怎样才会有好心情呢？幸福。有幸福才有欢喜和快乐，所以幸福是欢喜和快乐的本钱。

怎样才能幸福呢？要有爱。没有爱，怎么能有幸福呢？

前一阵子在网络上霸占了舆论头条的一则新闻：湖南省一个妈妈因为跟丈夫和婆婆发生矛盾，带着两个孩子纵身跳下了楼，母子三人都没有抢救过来。后来人们看到这位妈妈留下了长长的遗书，提到带着孩子离开，是担心自己离开后跟着这样的父亲和爷爷奶奶，孩子不会幸福。我承认有这个原因，但更重要的原因，还是她写下的另外一句话：你给我的，我全部还给你；我给你的，也全部拿走。她给他的，就是这两个孩子。

此新闻一出，一时间众说纷纭，说这位妈妈傻的有之，说她自私的有之，说她不孝的有之，说她有病的有之，说她既可怜又可恨的有之。而我认为，大家说的都对，这位妈妈之所以傻、自私、不孝，甚至既可怜又可恨，归结到一点：她不爱自己，或者说她的身心都处于病态。

患癌的妈妈于娟，用长长的文字告诉她自己的亲人、朋友以及所有看到她书的人，一旦生命消逝，此生真的成为一场空。一怒之下携子跳楼的妈妈，也用长长的遗书控诉了生前她婚姻的不幸和把她逼死的男人的种种"劣迹"。两个情商完全不在一个级别的妈妈，最终的结果都是失去了自己的生命，也就是我所说的，失去了自己灵魂得以居住的载体——生命，从此烟消云散。

我在课上提示过很多次，生命教育先从每一个妈妈抓起，才能有后面的高质量的亲子教育。有位学员曾经给我留过言：作为一个二胎妈妈，经历了两次怀胎十月，分娩喂奶，带娃，隐形爸爸，真是身心俱疲千疮百孔。您教育我们要自强自立，那样生活才会美好。这都没有错，但是对于一个不顾家又不爱家的男人，光靠女人的自立自强就能奏效吗？这样的婚姻，这样的家庭，活着好无趣。

我告诉她，女人嫁了好男人，应该自立自强；嫁了不太好的男人，更要自立自强，而不要轻视自己的生命，更不能让自己成为孩子的坏榜样。因为，生命无价，身体才是真正的家。父母不要因为一点小事就争吵不断，把死"挂在嘴上"。如果父母整天把死挂在嘴上，孩子就会认为死是解决问题的最好方式，一旦他遇到问题也会想到用死去解决。

近年来，有不少孩子因为种种原因而选择放弃生命。从青少年自杀者留下的大量遗书来看，他们反复提到的就是"找不到活下去的理由""没有必要再活下去了""没脸活了""生不如死""活在这世界上完全是多余的""活着没有意思"等。一些遗书中还提出了问题，如"我是谁？""我为什么要活着？""我活着还有什么意思？"等，这种无意义感导致自杀者下定决心走上人生的不归路。

所以，家长有义务引导和树立一个正面积极的榜样，告诉孩子生命的可贵，每个人灵魂居住的第一个家，也是最后一个家，就是自己的身体。

告诉孩子身体健康的重要性，认识生命的特点及其发展规律，珍惜生命、尊重生命、敬畏生命。掌握与生命安全和身心健康相关的知识与技能，保持心理和情绪健康，有积极的心态。让孩子能够主动适应社会，与他人健康交往，勇敢面对挫折，养成良好生活习惯和积极乐观的生活态度。对孩子进行生命教育，既需要从科学的角度向孩子介绍生命从生到死的过程，让孩子了解生命从诞生、成长到成熟、衰亡是一个自然的过程，也是一个来之不易弥足珍贵的过程；也可以针对孩子的认知特点，选择一些充满人性之美和灵性之光的经典文学作品，与孩子一起阅读，一起感受生命的跃动，直面死亡的拷问。家长可以和孩子共同上一堂生命教育课，让孩子懂得，生命最终的死亡是无法逃避的，也是不足为惧的，生活中我们可能遇到很多难过、让人不能接受的问题，但每个人都要学会笑对人生，每个人最终都要面对死亡。科学的生命教育，一方面要向孩子解释生命的真相，另一方面还要给孩子带去心灵的抚慰，消除他们对死的误读和恐惧。

孩子只有深刻明白了生命的价值和意义，才能更加珍爱生命，尊重自己和别人的生命，也才能在有限的生命过程中活出无限的可能，而不是浑噩度日浪费生命。

所以，无论是单身还是已经组成了家庭，无论是两个人的和美世界，还是三四口之家，时刻记住，身体是本钱，需要快乐，需要平和，需要爱护自己的身体，身体好，家才好。

心智，才是你的真正领袖

我在课上问学员，谁在主宰我们的幸福和快乐？有人说命运，有人说金钱，也有人说是自己，我为说自己能主宰自己的人点赞。其实，真正主宰自己的是自己的心智。

自己和自己之间，本来是一种很简单的关系，但由于每个人的人生价值观和世界观不同，每个人的个性和心态不同，结果就把关系搞复杂了。

其中最大的问题就是自己和自己过不去。所谓心态不好、心情不佳、心理复杂，就是未能正确认识自己、认同自己、尊重自己、珍惜自己和欣赏自己的表现。其中的错位比较、盲目攀比、期望值过高是造成心理不平衡的主要原因。事实上，每个人都是独立的生命个体，人与人之间是没有绝对的可比性的，与其错位比较，盲目折腾，倒不如理性认识自己实现内心的稳定平衡，换句话说也就是使自己的心智成熟。

心智成熟就是能面对更多的情绪问题。

比如说，对于工作或生活的不顺心，心智不成熟的人不愿意直面"这个不顺心"的情绪，他不愿意去看一看自己"究竟出于什么原因"感到不开心。如果你想了解具体的情绪来源，问他："你是对哪一个具体的部分感到不开心呢？"他只会泛泛地说："天天工作这么累，怎么会开心？家里一大堆烦心事，怎么能开心？"

他不愿意更详细地去思考情绪的来源、情绪发展的过程、情绪的解决方法。只是想快速让"不开心"的情绪有一个解释、有一个责任方。这时，他的烦恼就可以被解释了，他也就不用再叩问自己了。他以一个句号结束了这次烦恼，也就为终结了自己去改变的可能性。这个时候，他不能直面自己的情绪问题，我们就可以说，他的心智不够成熟。

心智成熟的第二个特点是，会更关注内在的因素。

比如说，一个女性的情感关系不顺，和丈夫相处得非常不愉快。她说自己"天天都受气，快受不了了"。如果我们启发她去直面这个问题："受气，具体是怎么一回事呢？"她可能会说："我丈夫不关心我。"

她谈到的是"受"到来自"外在"的"气"，这就是将"痛苦"的来源推到外界的极端化思维。她不愿意去看到"我可能也负一定的责任，因为我很喜欢主动寻找丈夫忽略自己的细节，然后进行夸大"。此时，她不愿意向内看一看，我们就可以说，她的心智不够成熟。

对于什么是心智成熟，我有一个值得分享的例子：

在苏格拉底还是单身汉的时候，和几个朋友一起住在一间只有七八平方米的小屋里。尽管生活非常不便，但是，他一天到晚总是乐呵呵的。有人问他:"那么多人挤在一起,连转个身都困难,有什么可乐的?"苏格拉底说:"朋友们在一块儿,随时都可以交换思想,交流感情,这难道不是很值得高兴的事吗?"

过了一段时间,朋友们一个个相继成家了,先后搬了出去。屋子里只剩下苏格拉底一个人,但是他每天仍然很快活。那人又问:"你一个人孤孤单单的,有什么好高兴的?"苏格拉底回答道,"我有很多书啊!一本书就是一个老师。和这么多老师在一起,时时刻刻都可以向它们请教,这怎能不令人高兴呢?"

几年后,苏格拉底也成了家,搬进了一座大楼里。这座大楼有七层,他的家在最底层。底层在这座楼里环境是最差的,上面老是往下面泼污水,丢死老鼠、破鞋子、臭袜子和杂七杂八的脏东西。那人见他还是一副自得其乐的样子,好奇地问:"你住这样的房间,也感到高兴吗?""是呀!你不知道住一楼有多少妙处啊!比如,进门不用爬很高的楼梯;搬东西方便,不必花很大的劲;朋友来访容易,用不着一层楼一层楼地去叩门询问。特别让我满意的是,可以在空地上养一丛一丛的花,种一畦一畦的菜,这些乐趣呀,数之不尽啊!"苏格拉底情不自禁地说。

过了一年,苏格拉底把一层的房间让给了一位朋友,这位朋友家有一个偏瘫的老人,上下楼很不方便。他搬到了楼房的最高层——第七层,可是他每天仍是快快乐乐的。那人揶揄地问:"先生,住七层楼是不是也有许多好处呀?"苏格拉底说:"是啊,好处可真不少呢!仅举几例吧:每天上下楼,这是很好的锻炼机会,有利于身体健康;光线好,看书写文章不伤眼睛;没有人在头顶干扰,白天黑夜都非常安静。"

后来，那人遇到苏格拉底的学生柏拉图，问道："你的老师总是那么快快乐乐，可我却感到，他每次所处的环境并不那么好呀。"柏拉图回答说："决定一个人心情的，不是在于环境，而在于心境。"

可见，一个人的心智状况对日常生活与身心健康的影响非常大。如果一个人有平静与稳定的心情，一定会影响到他对其他人的态度与他的行为。也就是说，一个人保持安静、清明与和平的心智，那么外界的环境与状况很少能扰乱他。反之，如果一个人的精神状态是纷扰不安的，即使处于最安适的环境，有最好的朋友们围绕着他，也很难使他平静或欢喜。这说明，我们的心理态度，是决定我们感受快乐幸福以至于身体健康的极重要的因素。

一个真正的成人，想要做到爱自己，就要做一个心智成熟的人，知道怎样让自己活得不难受，也让身边的人活得不难受。

每个妈妈都希望自己的孩子性格活泼开朗、热情直率、勇敢坚强，做事认真细致、有责任心，既有很强的独立性，又善于与别人相处。但这些优点需要心智成熟的妈妈才能培养出来。

心智成熟的妈妈，情绪一定是健康的。很多女性在升级为妈妈后，虽然角色发生了改变，但心智却没有随之成熟。

有的人无法做到开朗乐观地面对琐碎的生活，怨气过多，自己不快乐，还把不良情绪带给了孩子。

有的人在处理家庭问题时忽略了孩子的感受，不自觉地让孩子成为父母不良关系的"夹心饼"。

有的人以"爱"的名义付出，给予孩子的却不一定是孩子需要的，反而制约了孩子的发展。

有的人面对孩子，虽然心中有爱，但缺乏足够的耐心和理解，不能积极倾听孩子心声，也不肯给予孩子鼓励和赞美，更无法和孩子成为无话不谈的朋友。

这样当家长，既领导不了自己，更谈不上引领孩子。只有先把自己的心智培养好，才能更好地教育孩子。

一直以来，很多人关注一种特殊的"现象"，在美国，为什么乔布斯热衷打坐禅修？在日本，为什么稻盛和夫一度剃度出家追求禅定境界？在中国，为什么马云在做决策之前常常闭关、禁语？为什么这些人对禅修如此痴迷，而禅修又如何帮助这些人获得了财富的自由和心灵的自在呢？这些问题恐怕很多人都非常想了解。

事实上，他们的这些举动意在静下来和自己的内心对话，找到自己心智最强大的地方和最脆弱的地方，然后有针对性地去调和，去检视。把心境处理好，再对一件事做决定。

所以，心智的锻炼需要一个循序渐进的过程，先要检视一下自己难以接受的负面情绪有哪些，比如，嫉妒、恐惧、紧张、生气、愤怒等。如果产生了负面情绪，不要去否认或掩饰它，更不要责备自己，对自己生气。要先坦然地承认并且接纳自己的负面情绪，不论它是沮丧、愤怒、焦虑还是敌意。要先接纳负面情绪，然后再想办法解决引起负面情绪的问题。把情绪引导好，心智慢慢地成熟，才能做到真正地爱自己，同时爱别人。

第二章

爱你的样子，也爱和你一起时我的样子

婚姻的深度和长度，来自彼此真心的接纳

每个人都需要成长，我也不例外，没有做家庭教育工作的时候，我已经扮演多重角色，父母的女儿，孩子的母亲，还是丈夫的另一半。我自认为当女儿还蛮靠谱，当父母依然在学习，最让我深（身）有体会和感触的是当妻子。以前跟爱人也偶尔闹矛盾，彼此有不同的观点或意见，每当这个时候，我总会问我的爱人说："为什么你要这样呢？"爱人也会反驳说，"你为什么也这样呢？再说，我们爱上的不就是彼此本来的样子吗？如果我改变了，我还是我吗？为什么你不能接纳这样的我呢？"

《接纳》一书中说："你知道每个人最喜欢的人是谁吗？原来每个人最喜欢的人是自己，其次便喜欢能够接纳和理解自己的人。你知道每个人最讨厌的人是谁吗？原来每个人最讨厌的人是那些不能接纳自己的人，也就是在想法、感受、性情、志趣、为人处世等方面都和自己格格不入的人。"

如果一个人不理解别人，就不会有彼此的共识，都是形同陌路。如果一个人不接纳别人，就不会有合作。每个人都是孤立的存在，世界上没有完全相同的两个人，所以彼此间要学会接纳彼此的差异，特别是夫妻间更要学会完全接纳对方的差异。

有统计数据显示，近年离婚率不断上升，其中不能接纳彼此的差异就是导致分手的原因之一。世界没有完全相同的两个人，如果婚姻关系中只追求

心跳的感觉，而不用心去接纳彼此的差异，去经营婚姻，却放任自流，我行我素，因家庭、性别及个性上的差异常会造成矛盾与冲突。如还不及时接纳，及时调整，将导致裂痕加深，危及婚姻。

在婚姻中，经常出现这样的情况，"如果你爱我，我又对你不满意，我就想在结婚后改造你，把你改造成我想要的样子"。很多人是带着这样的想法走入婚姻的，认为婚姻是一所学校，可以把爱人改造成自己想要的样子，婚后却发现，对方根本不服从改造，这就会导致夫妻矛盾升级，甚至离婚。

其实，婚姻中夫妻是平等的。谁都没有权利改造对方，谁也没有能力改造对方，除非对方愿意接受改造。夫妻之间出现矛盾时，不仅要"求同存异"，更要"和而不同"，尊重差异、尊重爱人，就能减少很多矛盾的激化。夫妻之间有差异性，意见不一致，往往不是什么坏事，甚至是一种好事。

在我的课上，也有大部分的学员向我倒苦水，说夫妻之间，经常因为彼此无法接纳对方的某些方面引起了许多争吵。事实上，独立的两个人，带着各自的原生家庭里传承下来的行为习惯、处事风格甚至价值观，共同组成一个新的家庭，没有摩擦是不可能的。我常讲，婚姻假如是一辆车的话，我们刚进入婚姻的彼此都是新手上路，难免遇到难行的道路和糟糕的路况，只有经过不断的上路实践，才能修成一个游刃有余的老司机。

而在实践的过程中，难免遇到轻微剐蹭，只要彼此坚信自己能成为一个合格的司机，才会心平气和地开车。婚姻中，我们都对彼此提出了要求，要求对方神奇般地转变为自己的理想伴侣。我们固执己见地让对方改变并不奏效，只会引起更大的不满和更多的争吵。小小的争吵慢慢能积累成大的矛盾，必须把负能量的火苗即时掐灭，真正变成老司机，能维系婚姻的深度和长度

第二章 爱你的样子，也爱和你一起时我的样子

是彼此的真心接纳。

真心接纳对方意味着自己在婚姻中的成长，不会把自己的喜好强加给对方，也不会按照自己的想法去改变对方。

很多人认为，如果伴侣爱我，他的反应和表现都应该和自己处处"合拍"，不是与自己所期待的背道而驰。也就是说，你以怎样的方式爱着他，他就要以同样的方式回报你。你觉得伴侣应该有怎样的生活习惯，他就应该拥有那样的生活习惯。但事实上，就像世上没有两片完全相同的树叶一样，生活中也没有两个习性完全相同的人。没有人时时注意着去迎合别人，也没有人能轻易地改变生活习惯，即使是最亲近的人。

于是，生活中就必然地出现了这样的情形：妻子讨厌香烟的味道，丈夫却是整天烟不离口；妻子喜欢洁净，丈夫却老是上床前忘记刷牙洗脚；妻子喜欢优雅地细嚼慢品，而丈夫却吃饭吧唧嘴。这使得夫妻之间充满了摩擦和矛盾，充满了求全责备、颐指气使、吹毛求疵、缺少宽容、固执己见。其实，不能彼此接纳的两个人明明很爱对方，却过得异常辛苦。

为什么他们不能接纳彼此的差异呢？那是因为在面对伴侣时，很多人总是觉得：我的感受比你重要，我的观点比你重要，我的期待比你重要，我的工作比你重要，我的父母比你重要等。那么，伴侣很自然地感觉被拒绝、被抛弃或者不被理解，出现了争吵或者冷战，夫妻间的亲密关系就被破坏了。我认为，每个人都是宇宙中独一无二的存在，人的存在本身，比行为、感受、观点、期待更重要，所以，在解决夫妻差异时，我经常会问他们：什么更重要？只有搞清楚这件事，我们才能够真正做到接纳——哪怕我不喜欢，但是，我可以接受。

夫妻之间如果只看到对方和自己不同的地方，并且放大这种差异，那么孩子看到的场景则是，父母总认为自己是对的，对方是需要改变的。那么，父母潜移默化教给孩子的则是自以为是，不会接纳和欣赏差异之美。

有位太太问自己的先生："在我们的婚姻中，你有没有发现令你惊喜的地方？换句话说，婚姻中有没有感觉到有特别好的地方？"先生没有考虑多久就回答："有，我觉得我在婚姻里面最大的惊喜，就是我从来没有想到我能够在你面前这么自在。"

这位先生在自己的太太面前完全不需要伪装，可以完全放松，不需要担心妻子否定他、轻视他，他可以完全放松地在妻子面前做他自己想要的任何事。

我想，能让一个人说出婚姻中最美好的是自己的爱人，这是有爱、有智慧的家。家是一个安全的地方，家是一个容许犯错的地方，家是每一个人都可以很自在做他自己的地方，是每一个人需要感觉到他是被接纳的。

所谓的接纳对方不是说没有规矩，而是说每一个人都知道他是被接纳、被尊重的，这是很重要的。如果夫妻能彼此接纳，那么在教育孩子上，也会允许孩子的不完美，允许孩子有错，有自己的主见，而不需要完全听凭父母的安排。我想，这就是接纳最本真的意义。

融合差异是一种能力

法国心理学家吉拉尔·博内指出："我们只有面对一个与自己不一样的

人时，才会产生爱情的眩晕。"所以，在我看来，男女之间存在的种种差异，正是产生爱情的源头之水。情侣之间的差异是他们相爱的起因，正是这些差异让我们向对方靠近，令他/她有吸引力，因为他/她是独一无二的。

比如一个人很细腻很温柔，就会选择一个很坚强、很果敢的男性。有的男性很细腻很善解人意，往往也会选择一个大大咧咧、在工作上很能干、风风火火的女性作为伴侣。很多人因为彼此不同而走在一起，组成一个家庭。

婚姻关系中的两性，也因为彼此不同，互相之间的差异，才能相互吸引。但是，这些当初吸引我们的独特之处，后来却成为我们关系冲突的根源，接受彼此的差异不是那么容易。

小为是个急性子，做事快，说话快，就连吃饭和上厕所都要比一般人快一拍。从小母亲对她说，这样的急性子最好能找一个慢一点儿的老公来"拖一拖"，太急容易毛躁，要是两个急性子生活在一起，还不天天比赛？正是源于母亲的意见，小为谈恋爱的时候对慢性子的男生尤为关注。大学毕业她如愿嫁给了一个无论做什么都比她慢半拍的丈夫。最开始小为很享受，比如当她为一件事火急火燎的时候，丈夫慢悠悠一分析，她就有了理性。可是时间长了，她还是发现这种互补的性格让她很苦恼。坐公交车时，在车快到站之前小为就提前早早候在车门处，而丈夫则是在车停稳、车门打开后才起身下车，往往是他最后一个下车。在家上厕所，小为很快就能解决，而丈夫一旦进了厕所，没有个把小时是肯定出不来的。尤其后来有了孩子，在对待孩子的态度上，两个人的差异越来越明显。孩子饭桌上磨蹭，小为这个急脾气，就不停地催促孩子加快速度；而丈夫则是另一种观点，认为什么都可以快，唯有吃饭这件事不能催促孩子，让孩子细嚼慢咽才更健康。小为怕孩子输在起跑线上，孩子未满两岁就想给孩子报早教班；而丈夫则说孩子不要过早开发，不让参加早教。总之，观念差异，性格差异，导致小为非常苦恼。很多时候，因为她的急躁忍不了丈夫的"慢"和"磨蹭"，她把自己变成了一个随时都会引爆的炸药桶。孩子每天看到的是父母互不认同，尤其是妈妈总是看不惯爸爸的"磨蹭"。时间长了，孩子开始"看人下菜碟"，跟妈妈在一起的时候，他尽量变快，以适应妈妈。跟爸爸在一起的时候，他尽量放慢，以对应爸爸的节奏。孩子像个小大人一样，学会了在两个大人之间周旋。

在生活里，我们最常犯的错误，就是总认为自己坚持的东西都是对的，觉得对方不认同自己，或不跟自己站队，就是知错不改，就是对家庭的不负责任。

小为和丈夫之间的差异，如果不能正确处理，对于孩子将来的学习、工作，甚至谈恋爱结婚，夫妻双方都会有不同的看法。只有学会融合和处理这种差异，才能让彼此在允许对方不同的同时，学会让自己接纳对方的不同点，这是一种能力。

一个家里，没有绝对的对错。甲之熊掌乙之砒霜，不同的人生经历和阅历，导致我们对事物的看法大相径庭，导致我们的个人偏好截然不同，我们必须接受这个现状，拥有允许爱人和而不同的胸怀。

任何事情都无法逃脱它的两面性，一件事有好的一面，就必然有不好的一面，凡事换个角度再想一想，就少了很多怒气，多了很多平和。

我们一定要明白，伴侣是不可能满足我们所有期待的。如果能放下一些期待，就能为彼此的态度和关系留有空间；如果放下对过往的失望，对伴侣多一些感谢，爱就能流动起来；如果放下指责，彼此接纳、关爱、欣赏、倾听和支持，夫妻关系就能够更加积极，更有活力。

看到对方的特质而非缺点

我在课上问学员："大家平时都赞美或夸奖自己的丈夫吗？"大家踊跃发言，"夸？不夸都骄傲得不行，以为天下数他能，说他两句就吹胡子瞪眼，要是再夸他，他还不骄傲成花儿？""夫妻之间用那么多客套吗？每天忙忙碌碌，谁顾得总说言不由衷的话？""夸是可以，他倒是做出一些值得被夸的事呀，我目前是没发现。""当然得夸呀，男人越夸越上进。""赞美能让懦夫变金刚。"我本想听到一些人说，天天夸呀，可是大部分却是吐槽的声音。

我让这些吐槽的姐妹们，详细说说这些不值得夸赞的丈夫都有哪些劣迹，有人说，丈夫太懒惰。

"我老公睡起懒觉来就跟昏过去似的，打雷都不带醒的，星期天你要是不喊他，他能睡一天不起床。"

"我们家那位，一回家就躺沙发上看手机，我吭哧吭哧拖地，人家都不带抬抬眼皮的。"

"我家那个才是懒到令人发指，客厅里孩子的玩具车挡道儿，他宁可绕着走，愣是不去给换个地方。"

还有人说自己的老公邋遢，脏袜子不爱洗。还有人说，如果只有留丈夫一个人在家，屋里除了他待的地方是干净的，周围便是厚厚的灰尘。

学会爱，让幸福发生

也有人抱怨爱人不浪漫，尤其是自己在乎的节日甚至从来都没有买过礼物给自己。

听着这些学员们的畅所欲言，我在想，在公共场合都能说出丈夫这么多劣迹，假如在自己的家里，指不定得多挑剔呢？

之所以学员们对自己的另一半有这些看法，我认为，大家陷入了一个误区，只注意了对方的缺点，而没有看到对方的特质。

在我们课上，也有很多幸福的夫妻，他们分享他们的相处之道只有一句：在意配偶最好的一面。当配偶将注意力放在对方的优点上时，夫妻之间才会变得恩爱和睦。这并不意味着双方都必须成为乐观主义者，只是他们不把注意力放在对方那些容易导致自己焦虑、生气或忧伤的缺点上。幸福的夫妻都知道对方最好的一面，并使他（她）最大限度地表现出这一面。

如何关注对方的特质而非缺点，有一个非常有智慧的女性是如此回答的：

"你老公有缺点吗？"

"有！多得像天上的星星！"

"那你老公优点多吗？"

"少！少得就像天上的太阳！"

"那你为什么还不离开？"

"因为太阳一出来，星星就看不见了！"

……

"你妻子有缺点吗？"

"有，毛病缺点一箩筐。"

"那她有优点吗？"

第二章 爱你的样子，也爱和你一起时我的样子

"优点有一车。"

……

所以，不论男女，对方的身上一定有很多我们看不惯的缺点，忍受不了的毛病，但只要我们的心中还存有一念，知道她或他还有更闪耀的特质——也就是闪光点，我们就会忽略了他的那些不足。

有这样一个故事：

有一个男人，没考上大学，父母就给他找了个老婆结婚了，结婚后就在本村的小学教书。由于没有经验，不到一周他就被学生轰下了台。回到家后，老婆为他擦了擦眼泪，安慰说，满肚子的东西，有人倒得出来，有人倒不出来，没必要为这个伤心，也许有更适合你的事情等着你做。

后来，他外出打工，又被老板轰了回来，因为动作太慢。这时老婆对他说，手脚总是有快有慢，别人已经干很多年了，而你一直在念书，怎么快得了？慢是你的特点，总有一天能派上用场。

他又干过很多工作，但无一例外，都半途而废。然而，每次他沮丧地回来时，他老婆总安慰他，从没有抱怨。

三十多岁时，他凭着一点语言天赋，做了聋哑学校的辅导员。后来，他又开办了一家残障学校。再后来，他在许多城市开办了残障人用品连锁店，现在他已经是一个拥有几千万资产的老板了。

有一天，功成名就的他问自己的老婆，自己都觉得前途渺茫的时候，是什么原因让你对我那么有信心呢？

他老婆的回答朴素而简单。她说，一块地，不适合种麦子，可以试试种豆子；豆子也长不好的话，可以种瓜果；如果瓜果也不济的话，撒上一些荞

麦种子一定能够开花。因为一块地,总有一粒种子适合它,也终会有属于它的一片收成。

听完老婆的话,他落泪了!老婆恒久而不绝的信念和爱,就像是一粒坚韧的种子;他的奇迹,就是这粒种子执着而生长出的奇迹!

一个有大智慧的人能从心里找出对方的特质。这样的人,做妻子可以发现爱人的特质,而忽略他的缺点;做了母亲以后,也能以同样的眼光发现孩子的特质,而非缺点。孩子也许写字不好,但画画好;孩子也许长得不高,但跑得快;孩子也许学习不是那么拔尖,但人缘好。

当一个人能够看到另一个人的特质,而非缺点的时候,不但自己在成长,也能促进别人成长。

自己长不大,对方也长不大

好的夫妻关系不是谁迁就谁,谁服从谁或谁压制谁,而是在不断相处的过程中和对方一起成长。就像舒婷的《致橡树》里描述的婚姻关系:我不愿做攀附的凌霄花借你的枝头炫耀自己。我必须是你近旁的一株木棉,作为树的形象和你站在一起。我有我红硕的花朵,你有你的铜枝铁干,我们分担寒潮、风雷、霹雳;我们共享雾霭、流岚、虹霓……我必须是一个独立的我,同时也是支持着你的我,我想只有这样的爱情才有活力,经得起洗礼,符合爱的本质——让彼此成为更好的自己。

假如，一对夫妻在一起生活，只想着让对方包容自己，接纳自己，容忍自己，那么，如果一方有难以忍受的缺点，还不愿意承认，更不愿意改正，只要求对方适应，这无论怎样都难以让人接受。接受不了，就不会认同对方的缺点，此时，再要求去磨合，就会有困难。很多有矛盾的夫妻，大多不肯正视自己身上的错误，以一种打死都不改的态度要求对方服软、接纳和包容，这是一种固执且幼稚的处理问题的心态。

我的大部分学员，最初都是妈妈，课后发现自己收获了很多，并且感觉身心得到了疗愈和提升，有的人就会问我："春天老师，我很想带着我的另一半让他也来学习，与他同行，在这方面我想听听您的意见。"

每次听到这里，我都觉得很欣慰，其一，是课程让学员受益，她才会想到让自己的爱人也从中受益；其二，如果一个家庭，不论丈夫还是妻子，有学习和提高的意识，这就非常可贵，无论之前有没有矛盾，不停下学习的脚步，才能成长。一旦成长，很多问题就会迎刃而解。

其实说到夫妻关系，我想说说我的经验。我之前也系统学习了大量的心灵成长、亲子教育以及心理疗愈方面的课程。回到家后，我总觉得自己的爱人这个地方不对，那个地方不妥。也会在他教育孩子时，想当然地对他说，你教孩子，应该这样做，应该那样做，讲了一大通，我想用我所学的东西改变他。这样讲过之后很过瘾，但我觉得不够，所以，晚上睡觉的时候还继续讲。事实证明，我这个方法不太妥，因为我的潜意识里还是想改变我的先生。我凭借着自己所学的，想要指点对方，这就已经站在了道德的高点，把对方看低了。这样的话，对方只有两个选择：要么就是认同你——这样一来，他就更低；如果不认同你，他只有反抗了。所以，在夫妻关系里面（其实包括亲子关系），人格是平等的，所以千万不要老把我们自己看高，看高自己，对方就低了。所以，夫妻之间，要多点欣赏，多点尊重，也就是从那时候开始，我再也不要他改变了，唯一要改变的是我自己，我要修炼自己。

说到我的心灵成长之路，开始我是学技巧的，后来才明白，真正修炼自己才是关键，才多了一份爱的传递，我在成长，他也会成长。

当一个女人拥有了思想与智慧后，男人觉得她不可小觑，但当一个女人停止学习后，如果容颜也跟着憔悴，那她很快就会被男人嫌弃。

男人也一样，为什么有的男人可以让太太一辈子仰慕，因为他在不断地成长。如果男人停止了成长，他就会像武大郎一样被潘金莲嫌弃，嫌他事业不够发达，赚的钱不够多，嫌他社会地位低下，中年了还是一事无成，这种嫌弃会让女人下决心离开他。男人如果成长得好，他不仅能得到太太的敬重，也会受到其他女性的青睐。

这世界上本没有对的人，只有在某个时刻合适的人。这个世界上不存在完美爱人，所谓的完美都是某个时间段的完美。而婚姻，永远是动态的平衡。今天的完美，如果放弃经营和制衡，就会变成明天的不完美，那么今天你眼里的"对"，也会成为明天的"错"。所以不要指望通过他来弥补你生命中的缺失，只有一个完好的自己，一个"对"的自己，一个不断成长的自己，才能吸引一个与你匹配的不断成长的男子，你们动态地相爱，有智慧地冲撞，从而修炼出美好婚姻。

总之一句话，修炼好自己，与伴侣共同成长。夫妻之间的心灵成长，要学习沟通的技能，更要修炼自己的内在。然后，尊重对方，相互滋养，与配偶一起成长，享受成长的喜悦。

没有爱错人，只有不会爱

我们经常在电视剧或电影里看到这样的桥段，女主咬牙切齿地说："我瞎了眼，才找了这样的人！"往往说这些话的人，内心总认为自己爱错了人，也就是我们常说的"遇人不淑"。如果把爱情比喻成海，每个跳进去的人一定都是水性不错或会游泳的人，否则就有被淹死的危险。所以，不管你爱或不爱，爱情就是她本来的样子，而之所以有人爱得蜜里流油，有人却爱得百般辛苦，原因不在于爱错，只在于错爱，也就是不会爱。

有一次同学聚会，当年被称为校花的朱朱听到同学说起刘国栋现在当了某500强企业的项目执行总监，年收入八位数，而且为了孩子受到更好的教育，把妻子和孩子移民去了新加坡时，朱朱惊得张大了嘴巴。什么，不是开玩笑吧？结婚生子、升职加薪、移民？怎么可能呢？这个曾经被自己视为渣男，最终毫不留情地放弃的男人怎么现在会过得如此幸福，成为大家羡慕嫉妒恨的对象呢？朱朱想不通，对她来说，刘国栋的安好，简直就是晴天霹雳啊！

朱朱想着当年被自己放弃的渣男如今的辉煌，心里像是被鞭子狠抽了一下。当年的刘国栋没有上进心，爱玩网络游戏，挣钱不多还心眼儿小，同居的时候，家里水、电、煤气等日常开销全是自己付。批评他，他还甩脸子发脾气，家里经常是争吵不断，不是她骂他不求上进，没出息；就是他骂她，强势火爆得寸进尺。最终，矛盾越积越深，三年的爱情分崩离析。

如今的朱朱，已经离过一次婚，目前仍是单身。想到自己的恋爱史，她非常沮丧，觉得自己就是命中注定遇不到好男人。再说说刘国栋，当初他爱上朱朱原以为能过幸福美满的生活，结果同居期间，朱朱不是耍小姐脾气就是看不到他的优点，横挑鼻子竖挑眼，以为全天下最渣的男人让她碰上了。刘国栋最受不了的就是朱朱说："碰到你，我是倒了霉了。我的命真苦，那些当年不如我的女生，现在都嫁了大款，老天就跟我过不去。"一气之下，刘国栋离开了朱朱，把自由还给了朱朱，让她去找她未来的"大款"。一年后，刘国栋遇到了自己的妻子阿楣，这个女孩跟朱朱简直就是两种类型。不管刘国栋做什么，她都觉得刘国栋做得好，连炒一盘不好吃的菜，她也吃得津津有味。刘国栋最开始在一个基金公司当业务员，一个月只能拿到一千多的底薪，但阿楣不气馁，总说来日方长，她认为男朋友一定是块金子，总有闪光的一天。就这样，原本在朱朱眼里的渣男，却在另一个女人的欣赏和赞美下变成了优质潜力股，一年比一年赚得多，最后还考取了基金从业证书，三年时间就做到了项目经理。最后一路飙升，当上了基金分公司一把手，再到最后就成了开头大家议论的样子。他取得了事业成功，阿楣也幸福地当着女主人，每天相夫教子，其乐融融。

故事中的刘国栋没有变，在朱朱看来她爱错了的人，换到另一个女人手里却成了宝。所以，很多时候，不是爱错，只是错爱。

有很多人以为，只要成功地找到了一个可爱的人，爱就如霍乱病毒一般，自动地以几何数量级地滋生起来，剩下的事，就是不断地收获爱的果实了。他们以为，爱主要是一个寻找的过程，找对了，就一好百好，找错了，就一了百了；殊不知，爱错一个人的责任在自己，如果你认为对方是错的，他一定是错的。如果换个爱的方法，认为他是对的，他慢慢就真的对了。如果能真心爱上一个人，不管对方是何等恶劣，哪怕对方并不爱自己，人生也至少不会是地狱，只是多少有点黯淡。

夫妻之间如果不会爱，有了问题总觉得自己遇到的人不对，觉得爱错人，潜意识里在说明对方是错的，那么靠着这种惯性思维，习惯性地会把这种潜意识放大。我接触过一个妈妈，她的婚姻不太顺利，跟孩子的关系也很不好。最初朋友介绍她来听课的时候，我看到她紧锁的眉头，一副拒人千里之外的样子。后来，渐渐跟大家熟络了便打开心扉，她觉得自己嫁的人不好，后来生个孩子遗传了爸爸的很多臭毛病，让她越来越心烦。尤其在孩子惹她不开心的时候，她会口无遮拦说孩子，要不是因为你，我早就跟你爸离婚了。你俩一个德性，没一个让我省心的。就这样，在她眼里，丈夫和孩子站在了她的对立面，她把自己变成了孤家寡人。

后来在课堂上这位妈妈渐渐学会了自我治疗，她知道这个家里不温暖，成天争吵得鸡飞狗跳，表面上似乎是丈夫让她不开心，孩子让她不省心，其实深层的原因是她不会爱，不会用爱的语言和心胸接纳这两个最亲近的人。等到这位妈妈意识到自己不会爱时，她整个人开始变了，从原来的眉头紧锁，变得乐于分享，慢慢学着爱。有一次她带孩子来，孩子也说，妈妈自从上完课，变得特别温柔，爸爸的笑容也多了。

所以，等到某一天，我们想说嫁错了人或爱错了人，一定想想，是不是因为我们不会爱而导致的，换一个思路也许柳暗花明。

让婚姻成为"堡垒",而非"牢笼"

在爱情和婚姻的辩证问题上,有两种观点。有人认为,婚姻是爱情的堡垒,走进婚姻爱情才有了最好的归宿;也有人认为,婚姻是牢笼、是坟墓,是在烦琐中消磨和埋葬爱情的。这两个观点我认为都对。认为婚姻是堡垒的,我想一定是夫妻双方在用心经营一个家,你一锹我一锹为家这种"城堡"加固;反之,则是夫妻你一铲我一铲来瓜分这个家,这样的瓜分之下,即使最坚固的"城堡"也有倒塌的那天。

所以,想让婚姻成为"堡垒"而非"牢笼",取决于两个人怎么对待婚姻,对待彼此。

婚姻生活,注定有太多的琐碎和凌乱。一堆堆待洗的衣服,难免重样的一日三餐,不听管教的孩子,永远收拾不干净的屋子,女人就像战士一样,在日复一日机械的重复中不断地抗争与妥协。一家人的生计,爱人的唠叨,生活的压力,男人就像超人一样应付了外面的工作还要应付家里的家事,难免生出愁绪与不耐烦。

婚后,经过一段时间的柴米油盐,两个人会发现彼此还有很多没有暴露的缺点和优点,这个时候,在爱的牵引下的沟通和理解更为重要了。男的是顶起家的强者,女的则应该是温柔温馨的源泉。男人在外面为心爱的女人闯一片天地,女人在家里为这片天地呵护着温暖的家,这是爱的升华。

有学员问我:"春天老师,我和老公恋爱结婚十二年了,我最初一直认为结婚是爱情最好的归宿,但是十多年过去了,孩子都上小学了,我们两个却都有一种被关在笼子里的窒息感。虽然有很多人羡慕我们有车有房,但我就是快乐不起来。在丈夫眼里,我是那种不怎么会和家人相处的类型,跟爱人关系不好,平时对儿子也比较严厉,有时候会把对他爸爸的不满发泄到儿子身上,发完脾气又觉得对不起儿子。老公以前还背着我跟别的人搞过暧昧,当时我们差一点儿就把家拆散了。后来我们重修于好,我以为一切都过去了,可现在他经常不回家,说不想过了,说得很突然,我接受不了,用他的话就是我对儿子不好,但我对儿子凶也不代表我不爱孩子啊。他现在也不和我沟通,说答应了儿子暂时不离婚,可他现在要么不回家,要么回来也不理我,我觉得他在外面又有女人了,我该怎么办,我不想离婚,我说我哪里不对我愿意改,他只说不需要,我该怎么办啊?"

其实,遇到类似的问题,我特别心疼当事人。不仅仅心疼女性,也心疼妻子背后的丈夫,最最心疼的还是孩子。尤其作为一个从事亲子教育的妈妈,我对孩子们有着天然的母性,每一个婚姻不和谐的家庭后面,我似乎总能看到一个不太开心的孩子,他小小的心灵承受着大人们营造的不和谐家庭氛围的压迫。

一个家如果坚固,那么孩子就不会在风雨飘摇中,一个家如果是牢笼,那么孩子也会感觉到窒息。

有一个学员的父母已经年过半百,依然很恩爱。他们家虽不是很富裕,可是每月她的父亲都会兢兢业业出去赚钱,她的母亲便在家操持家务,孩子们也很孝顺。看上去,这是一个其乐融融的家庭,可是父母年轻的时候,却并不是这样。

听母亲说，父亲年轻的时候是个酒鬼加赌徒，每每喝多，就跑到麻将馆，不将自己身上的钱输光就不罢休，然后再酒气熏熏地回家。刚刚过门不久的母亲有苦难言，她不敢回娘家，怕家人担心，她尝试着跟丈夫好好沟通，可常常是她讲完，丈夫便不说话，接着就听见他的呼噜声。多少个夜里，母亲以泪洗面，想到以后的日子，她觉得甚是煎熬。

母亲年轻的时候是个能干的人，周围的朋友看到她过得并不幸福，或多或少都会为她遗憾惋惜，有的甚至劝说她离婚。可是，她始终相信，自己的丈夫本质不坏，现在只是年轻，没有承担起家庭的责任来。再者，为了孩子有一个完整的家，不管多么的难熬，她依然没有放弃这段婚姻。

终于，在某一天父亲输光了家里的钱以后，夫妻两人一起踏上了南下深圳打工的漫漫长路。在深圳，父亲当起了建筑工人，烈日下，他一砖一瓦地工作着，下午的太阳将他的皮肤晒得龟裂起皮。他很懊悔，当初自己那些年轻放肆的行为，但自己的妻子却毫无怨言地跟着他，帮他一起工作。

他的心里很自责，恨自己当初为什么那么浑。那天，他破例早早就收工，去菜市场买菜，虽然买的菜种类并不多，可是当他把菜递到妻子面前时，她的眼里竟泛出了盈盈泪光。

或许是第一次看到坚强的妻子流泪吧，父亲仿佛一下子成熟了许多，从那以后，他像变了个人似的，再也没有去过麻将馆，也很少喝酒了，收工回家后，就会帮助妻子一起分担家务。

不久，他们还清了债务，还盖了一栋两层的小楼，一家人和和美美地过起了自己的小日子。

除了这位学员的母亲，我还见过许许多多类似的女人，很多女人年轻的时候丈夫对她不好，子女也不听话，可是在她苦了很多年后，长大了的子女都变得很孝顺，丈夫也变得很疼她。

我之所以举这个例子，不是说无论什么样的婚姻我们女性都要义无反顾将其进行下去，只是想换一种思路，任何不舒服的日子如果能够忍一下，可能就有出路，甚至会把一个不求上进的人变得勇猛精进。

所以，婚姻中，我们要用多久学会爱一个人？可能要用一辈子。我们可能沐风栉雨才找到彼此，相伴左右之后，就再不分开。就像钱钟书说的"从今往后，咱们只有死别，再无生离"。所以，婚姻不是爱情的坟墓，而是爱情的延续。

俗话说："任何不以结婚为目的的爱情都是耍流氓。"所以，两情相悦的男女在拥有爱情的时候，眼光和心智都要放长远，要拿出经营一辈子爱情的心态去恋爱，去爱对方，去缔结婚姻。让婚姻在责任和法律保护下变成守护爱情的堡垒，而不要变成毁掉爱情的牢笼。

爱是积累来的，不爱也是

前一阵子，我在朋友圈里发现一张特别令我感动的照片，照片上是两个白发苍苍的外国老人，坐在一张街角的长椅上，一看俩人就是刚刚拌嘴正在生气。但老先生一手托着腮看起来很生气，另一只手还不忘替生了气的老太

● 学会爱，让幸福发生 ●

太撑着伞，因为在他们的头顶，正午的太阳晒得刺眼。

我被这个带着些搞笑的照片感动了，因为我意识到，这样的老夫妻才是爱了一辈子，也许吵了一辈子。即使刚吵完架俩人都很生气时，先生依然体贴同样在气头上的老伴儿。这样的爱，足以对抗流年，对抗现实中的风雨。表面和你生气，内心却仍然为你撑伞，我们都需要这样一个人一起共度余生。他/她不会在你感性的时候跟你讲道理，不会在你气得头冒烟的时候跟你硬碰硬，打羽毛球的时候不会让你一直做捡球的那一个。他不需要情商高但一定要懂你，知道怎么能让你开心，怎么能给你安全感。和这样的人在一起共度漫长的一生才不会太费劲。

有个学员给我们分享过她父母的故事：

在我上中学的时候，记忆里父母总是吵架，每次吵架的结果都是父亲"离家出走"，而独自在家的母亲，依然骂骂咧咧。父亲出去了她一个人在家气仍未消。出走不到两小时父亲一般就会回来，手里不是提着鸡蛋，就是提着青菜，要不就是买些母亲爱吃的水果。每当这个时候，母亲总是嘴硬地说："你还记得回家，还以为你去北大荒支援朝鲜呢。"父亲嘿嘿一笑："我要去了战场，你还不想我。"他们就这样相视一笑泯恩仇了。最初我总觉得母亲太强势，每次吵架非要争个高下，不赢了就不住嘴。女儿是父亲的"小情人"，自然而然把天平秤向父亲倾斜。结果有一次，两个人不知道因为什么吵得挺激烈，父亲这次真生气了，晚上八点还没回来。母亲最开始是自言自语，装嘴硬说父亲死哪儿去了，一会儿声音就有了不安，先让我去隔壁李大爷家找，又让我去村东头王二麻子家寻。结果都没找到，母亲慌了。在村子里打听了一圈儿，才知道父亲跟着村里的赤脚医生一起送一个被拖拉机砸断

第二章 爱你的样子,也爱和你一起时我的样子

腿的人去县医院,情况紧急没来得及告诉家里。那时,我第一次发现母亲那么焦急,她得知父亲没事而眉头展开长吁一口气。回到家,还不忘把热了好几遍的几块鸡肉小心藏了起来,怕我偷嘴。那一刻,我懂了,父亲和母亲即使争吵也是幸福的,他们在一天天一年年的生活中,积累下来很多爱。只是我作为女儿的理解肤浅了而已。

她的故事,我们现场的学员们听了后都很感动。她还说,父亲母亲就是这样互相吵闹又互相惦记,过了一辈子,到现在依然恩爱有加。

如果说爱是这样一点一滴积累下来的,那不爱呢?我认为,也是积累来的。

小双与男友没结婚之前很相爱,然而,婚后,对未来婚姻生活的美好憧憬就慢慢被现实生活中的柴米油盐所取代。小双发现婚姻并没有自己想象得那么美好,没结婚之前,男友不管多晚都会接自己,结了婚不到半年,他总是说自己也很累,让她自己打车下班。婚前,丈夫每个节日都想着给自己买花买礼物,婚后,丈夫好几次都记不住一些属于两个人的重要日子。婚前,男友总说她是他遇到最懂他心的女孩,婚后,丈夫却说自己不像恋爱之前那么可爱了,凡事开始斤斤计较了。于是,两人不再像恋爱之前那样,共同应对父母和同事对两人在一起的种种非议和不看好,而是开始放大对方的缺点,恋爱期间所有爱的甜蜜仿佛如同潮水一样正在逐渐退去。小双再也听不到丈夫的甜言蜜语,再也见不到丈夫的"卿卿我我",再也感觉不到丈夫的死心塌地,日常生活中哪怕是鸡毛蒜皮小事也可能是引燃夫妻之间激烈争吵的导火索。每一次吵架,小双常常和丈夫冷战,三天不跟他说话,最初丈夫说尽好话,低声下气讨好,甚至"跪搓衣板儿",但小双为了要足女性威风,根

本不买账。时间久了,丈夫也变了,也不再低声下气,看到小双自己生气,丈夫就抱着被子睡沙发,两人的感情越来越淡,最后都快要离婚了。

所以,婚姻之中,别说什么是真爱,什么不是真爱,爱,就好好爱。不要常常耍性子,尤其不能"耍"过了劲儿,一旦爱变成了控制,就不再是爱。不爱慢慢积累下来也会变成冲垮爱之堤坝的洪水。

夫妻之间,爱出者爱返

有句话说得好:"爱出者爱返,福往者福来。"这句话是对"爱"的最好诠释,无论是朋友之爱还是上下级之爱,亲人之爱还是陌生人之间的爱,都是你付出多少就能得到多少。世上没有无缘无故的爱,先有爱出,才有爱返。用在两性关系上,我觉得这句话也是最好的注解。

一位男子患了中风,左边的身子不能动了,他心里十分痛苦。亲友们安慰他,他说:"我不害怕我的病治不好,我担心我的妻子留不住。"没过多久,他的妻子果然离开了他,亲友们骂那位女人薄情,男子说:"不要责备她,是我不好。"

接着,他忏悔道:"她做饭忙不过来的时候,我坐在电视机前无动于衷;她生病需要去医院的时候,我以工作忙让她自己去;她买了件衣服,满心欢喜地问我怎么样时,我的眼睛甚至都不瞟一瞟;她需要我陪伴的时候,我为了赢得上司的青睐,在办公室陪他们打扑克直到深夜;她想和我聊天的时候,

第二章 爱你的样子，也爱和你一起时我的样子

我不是在电脑前忙碌就是困得想睡了，给她的时间少之又少。我们的婚姻早就因为我的这些行为而'中风'，只是我原来没有感觉到。现在我左边的身子不能动了，我一下子感觉到了。"

后来，有人把这些话说给了男人的妻子，男人的妻子非常感动：既然他这么说，我也就回去吧。在女人的精心照料下，男人渐渐康复。

有一次，他们在一起散步，女人问："怎么会想起婚姻也会'中风'这样的事来？"

男人说："当我的右手因蚊子叮咬而奇痒的时候，我的左手一点反应都没有，假若我没中风，会出现这样的情况吗？过去，你那么辛苦，而我却一点都不去分担，我想，这就是婚姻'中风'了。"

现在，他们已成为一对恩爱夫妻，因为通过那场病，男人发现了一套新的婚姻理论：夫妻应该像左右手一样。左手提东西累了，不用开口，右手就会接过来；右手受了伤，也用不着呼喊和请求，左手就会伸过去。

假如一个人的左手很痒，右手却不伸过去挠一挠，这个人的身体一定是中风了，或是瘫痪了。婚姻是爱情的身躯，假若一方不能主动地去关怀对方，久而久之，随着不良状况的加剧，婚姻也会"中风瘫痪"。

很多夫妻之所以过着过着不爱了，过着过着感觉累了，走着走着走不下去了，大部分是因为内心充满的是对另一半的要求、限制以及苛求，而不是先去付出、理解和宽容。换句话说不是爱，而是索取，那返回来的必定也不是爱。

在我们课上也有男士，有一次我给大家分享了这个"爱情中风"的故事后，有个男士很动情地说出了自己的感想。他认为，一直以来，他的内心都

有一种大男子主义在作怪。下了班明明时间尚早，他完全可以回家帮妻子打打下手，做做家务，再不济也可以辅导一下作业，但他却跟一些哥们儿喝酒聊天很晚才回家。以前总觉得是妻子小题大做，男人在外面应酬一下，晚回一下能有什么事，现在明白了，自己没有站在妻子的角度去考虑她的不容易。她要准备一日三餐，还要收拾屋子，平时每天要辅导孩子功课，给孩子讲故事，周末还要带孩子去辅导班，而他从来没有认为妻子干这些多辛苦，只觉得一个女人干这些都是应该的。所以，妻子很累很疲惫，总是抱怨，以前她认为是妻子不懂事，不体谅他上班辛苦，现在他发现是自己不懂事，没有体谅妻子的不容易。

当这位男士说完，全场都给予他热烈的掌声，我心里非常感动。如果夫妻之间都懂爱出者爱返的道理，都知道"想取之，先予之"的道理，我相信，天下就没有不幸福的夫妻。

融洽的两性关系，是让对方感到舒适

有一句话是这样说的，"最高的修养是做事说话让别人感到舒服"。

比如，妻子看电视剧正开心，丈夫却说："你怎么总看这些小儿科的东西，真幼稚。这些东西，是给傻子看的，既没营养又浪费时间，别看了别看了。"这是不会说话。如果会说话，就会说："又看青春偶像剧呢？我老婆就是心态年轻，人也年轻。"这话听了让人舒服。

再比如，妻子买了件新衣服刚穿出门，丈夫就瞟了两眼开始问："你这衣服多少钱买的？哎呀买贵了，真的不好看，真是败家！"这话听着不舒服。会说话的丈夫会说："我老婆穿什么衣服都好看，这件衣服有点配不上我老婆气质呀，多少钱淘来的？别怕贵，要买好衣服。"这话听着舒服。

又比如，丈夫发了奖金，回家高兴地对妻子说："我发了两千块。"妻子说，"才两千块，至于嘚瑟成这样吗？还以为是两万块呢。"这话听着不舒服。如果会说话的妻子则会说："哎呀，真了不起，说明我老公很能干，得奖了。"这话谁都爱听。

在我看来，会说话的人就是高情商的人，所谓情商高的人，并不是故意去迎合对方，而是他们更懂得如何在意对方的感受，让对方"觉得舒服"。而这种情商是促进夫妻关系融洽的良药。

夫妻之间虽然没有血缘关系，不是一出生便在一起，可婚后两个人在一起的时间却很长很长，日日夜夜长相厮守，如果两人在一起不是很舒服，我觉得就不是一桩幸福的婚姻。

有人说过，能够让人舒服，是顶级的人格魅力，我认为在让别人舒服的同时，也能让自己舒服，那才是顶级中的顶级。拥有这种魅力的夫妇在共处时，会感觉到安静平和、心灵相通，这又能转化成暖心、关切的行为，哪怕吵架也是充满爱意的。

比如，丈夫喜欢球赛，坐在沙发里看直播，这个时候他喜欢的球员进球了，他会因为开心找妻子分享说："帅吧，这个球员多棒。"如果妻子能照顾到丈夫的情绪，知道丈夫需要的是妻子对他的认同和与他分享喜悦，那么让丈夫感觉舒服的方式就是，走过来，做出同喜的样子，说句："真棒，这支球队厉害，你的眼光不错。"而如果妻子对丈夫的情绪和感受并不在乎，再或者妻子本来对丈夫看球赛不做家务心有不满，也许会不假思索脱口而出："别人进球跟你有什么关系？看你手舞足蹈的，赢了球的奖金跟你有半毛钱关系？"我相信，用第一种方式，丈夫会因为有人与他分享了喜悦而心里充满对妻子的爱，觉得妻子懂他的喜好，也愿意照顾他的情绪。而第二种回应，有可能像一盆凉水把丈夫刚刚燃起的快乐之火浇灭，丈夫不但不会认为妻子可爱，还觉得她有些可恨。

只是这一个简单的场景，就能分辨出夫妻关系是不是融洽。在我看来，夫妻关系融洽的夫妇有一种思维习惯，就是搜寻彼此可以欣赏的优点，他们会有意营造出一种尊重与欣赏的氛围；而关系不融洽的夫妻搜寻的则是另一半的不足，他们还审视伴侣，看他们做对了什么，做错了什么，然后大加指责，而不是尊重对方、表达欣赏之情。

有一个学员在课上分享过她和老公的故事：

学员叫小月，她老公出差两天，当时正好是三伏天的中伏，每个人都恨不得天天关在屋里吹空调，外面就像桑拿房，一出去就一身汗。老公走的第二天家里空调就坏了，小月给丈夫打电话，问他："空调坏了，我是直接打电话叫人来修还是等你回来看看。"得知爱人第二天下午就回，于是小月忍着燥热等老公回家，丈夫出差挺累，也觉得空调修不好热得难受，于是到家后就马不停蹄开始修。捣鼓了半天，满身是汗，但空调依然没有修好。他越弄越烦躁，最后彻底放弃。小月问老公怎么样，弄好了吗？

结果，小月的老公皱着眉，劈头盖脸就对她说："我在家天天用空调都没坏，怎么我刚走，你就把空调搞坏了？"

第二章 爱你的样子，也爱和你一起时我的样子

小月一听就火了，又委屈又生气，心想，这么说太过分了吧，空调正好这个时间段坏了，只不过我碰上了，关我什么事！

但她刚想反驳，却突然看到老公满头的汗珠，马上意识到，这个时候不应该说过激的话，而是应该说让老公感觉舒适的话，他那么累也没修好，本来就很有挫败感。于是，她递了个毛巾给丈夫并说："我也不知道怎么搞的，空调跟你一起出差了？"说着说着小月乐了，丈夫抹了一把汗，也乐了。脸上本来有些因没修好空调而恼怒的表情也一点点消失了。将要爆发的一场争吵，因为小月的智慧化解掉了，丈夫也意识到自己刚才说话的态度不好，于是对小月说："对不起老婆，我刚才不应该指责你。"最后两个人一致决定，叫空调厂家来维修。

听了小月的分享，大家都很佩服她的大度善良。有句话说得好，所谓的恩爱夫妻，无非就是在快要吵架或憋不住火的时候，心中生起的刹那柔软，生起一种对配偶的心疼。这个心疼从心里释放在嘴上，就变得不再刻薄，这样一来，就会产生一种让对方感到舒适的效果。就像我前面提到了，爱出者爱返，你让对方舒适，你自己也会舒适，哪怕只是有单纯为了让对方舒适的觉悟，也能体现一个人的修养和境界。

想一下，如果小月不是马上控制自己的冲动，任由自己的"自动化"反应处理会怎么样？当她爱人对她说："我在家天天用空调都没坏，怎么我刚走，你就把空调搞坏了？"

小月说："你有毛病吧，这种事儿能怪我吗！你有本事你不也没把空调修好吗？"（狠狠一戳，正中靶心）

丈夫被戳中了正想掩饰的部分，更生气地说："我跟你说过多少次了，

电器插头用完要拔掉,你就是不改,你要不这样空调能坏吗?我出差累得半死,回来都没休息一下就修空调,你什么态度!"(控诉)

小月看他翻旧账也更生气地说:"又不是我要你修的,还不是你想逞能,是你自己说不用打电话的,自己爱逞能怪谁啊!"(再狠狠一戳)

大家想一下,如果这样的话两个人会不会吵翻天?且如此坏的就不只是空调,还有两人之间的感情。

所以,我们记住,想要有一个融洽的两性关系,就是要让对方感到舒适。

如果你爱一棵树,你就让它自由地生长;你爱一只鸟,你不要把它关在笼子里;你爱一个人,就让他开心;你爱父母,就不要让他们担心;你爱朋友,就让他们在你面前最自在。这样才是爱,爱不是要令自己更舒服,而是要令对方更好,就这么简单。

告诉对方你要的,而不是你不想要的

有一个妈妈非常苦恼,她跟我诉苦说自己的老公不懂她的心,每次买的礼物,都不是自己喜欢的,知道他送礼物的心是好的,但实在不喜欢。我问她:"这种情况持续多久了?是第一次收到礼物还是收过 N 次不喜欢的呢?"她说:"结婚到现在已经八年了,孩子都快上小学了,但老公还是老样子,从来不知道我要什么,我喜欢什么。"我听了她的话,直言不讳地说出问题出在她的身上,她有些惊讶,我便告诉她:"一个男人能想着给妻子买礼物非常难能可贵，有60%的男性朋友，在结婚后会因为忙碌或粗心，不再记得给妻子送礼。不是忘了什么日子，就是不会买礼物。而你的丈夫能惦记着给你买礼物，算是稀有物种，得好好珍惜。"

她接着说："可他买的东西并不是我喜欢的，比如，我喜欢比较短一些的裙子，可他买的是过了膝盖的，诚心把我打扮成大婶儿。我喜欢颜色艳丽的，可他总是买一些灰黑色系，多土气呀。再说说送花儿，我当然也喜欢红玫瑰或蓝色妖姬，再不济也该送百合，你猜他送我什么？竟然有一次送我的是蔬菜花束，里面是花菜、芹菜、香菜等用各种食菜组成，当时没把我气晕。"我听到这儿不由乐了，说她是身在福中不知福，多浪漫的先生呢，既送了妻子花儿，还间接买了菜。这位妈妈撇了撇嘴，还是一副不太认同的样子。

其实，作为一个从事家庭教育的工作者，我接触过很多处理不好夫妻关系的案例，但这位妈妈的案例，我却觉得很温馨。很多时候，夫妻之间一个喜欢苹果，对方却非要给梨，产生矛盾的原因不在于施爱的一方，在于接受的一方。明明不喜欢，却从来不直接告诉对方。

我后来给这位妈妈支招儿，不要让自己的爱人猜心思，不要等先生买回了礼物再抱怨，不如直接告诉他，喜欢什么。这也是很多人犯的错，从来不说自己要什么，却总等对方有所行动后才向对方说自己不喜欢这样的安排或礼物。

也有些读者给我留言，抱怨自己在感情上付出很多，奉献很多，但对方却不懂得珍惜和回报，对自己的付出视而不见，甚至认为理所当然，写信的有男有女。

比如，有的男性会说，为了妻子和家庭，自己每天忙着工作，努力挣钱，早出晚归，有时还得逼迫自己与客户喝酒应酬，妻子却看不到自己的付出，回家常常看到妻子一张怨妇脸，还经常与自己吵架。

有的女性则说，为了丈夫和家庭，自己不仅白天上班，下班之后还得将家打扫得干净整洁，自己每天早起，为家人做早餐，晚上匆匆下班，为家人准备晚餐，可是丈夫不仅看不到自己对家庭的付出，还变得越来越懒惰，越来越不爱回家。

为什么在情感关系中一个人的付出，换不来对方的感激，也换不来对方同等的回报，有的时候"付出"还让彼此的关系出了问题，变得更加疏远呢？

其实，究其原因，大多因为"一个想要苹果，对方却总给香蕉"。或者换一个说法，一个人明明爱吃香蕉，却不跟对方说明白，对方还以为他爱吃苹果。

所以，两性相处，重要的是告诉对方你想要的。

比如，如果先生不希望自己太太化妆打扮得太过，说"我不喜欢你过分的打扮"远不如说"我喜欢你化淡妆"。不希望妻子总发火骂孩子，不要说"我看不惯你总是对孩子一副高高在上的样子"，而要说"我喜欢看到一个温和美丽的妻子和妈妈"。

比如，如果太太不希望自己的先生总是买一些自己不喜欢的衣服，不要说"你买的衣服太难看了"，而要说"我喜欢这一款，请买给我"。不希望丈夫晚回家，不要说"你就不能早回吗"，而要说"我每天都盼望你早点到家"。

第二章 爱你的样子，也爱和你一起时我的样子

丈夫拼命工作，努力挣钱，每天应酬到很晚才回家，以为每个月给妻子几万块钱让她"买买买"就是爱她，让她快乐幸福，可是他的妻子其实并不是那么看重物质的人，她需要的是丈夫的关注和陪伴，丈夫能陪着自己一起吃晚饭、一起散步，这样她就会感觉很快乐。结果，妻子常常因为丈夫晚回家而怨声载道，丈夫就觉得很生气，两个人为此经常发生口角。其实妻子可以直接跟丈夫聊聊，告诉他，比起他挣钱，她更希望他能早一点儿回来陪她。那么，当丈夫明确知道了妻子的想法，如果再加班或应酬时，就会想着，妻子在家等我，因此提前回家。

妻子每天都辛苦努力做家务，将家里收拾得一尘不染，以为自己付出了很多，但是丈夫需要的并不是干净的地板和整洁的鞋架，而是妻子和自己一起看一部电影，听一听音乐，两个人一起聊聊天。丈夫下班回到家，因为不换鞋子或弄脏了地板，妻子就跟在屁股后面一边清洁一边唠叨丈夫，两个人为此经常争吵。这个时候，丈夫就可以对妻子说："我想让你坐在身边陪我看看电影，别那么累。家干不干净不是最关键的，能坐一起就很幸福。"妻子明确了丈夫想要的，就会知道，要多花心思关心丈夫的心理多陪他，而不是把家里打扫得一尘不染。

有一位女士，以为爱丈夫就是每天为他做饭，将马桶刷洗得干净，每天如此，她自己觉得很累，心情很差，结果丈夫还看不到她的付出，她不开心，丈夫也跟着不开心。

后来，她的丈夫告诉她，他想要的是和她在一起愉快地做一件事情，比如一起跑步、一起玩游戏，妻子心情好，才是他最需要的。他说："如果做饭让你不开心，你就不要做了，我希望我们一起出去开心地吃饭，而不是你

不开心地做饭给我吃。"

所以，我们都不要犯明明想要什么却不说，让别人猜心思的毛病。这样对方即使付出了，自己还是不满意，对方也很冤。只有明确告诉对方，自己想要什么，这样一来，双方不用互相猜心思，直接说出自己想要的，更利于对方做出回应或改变。

第三章

家是讲爱和放心的地方

用心沟通，架起维系夫妻情感的桥梁

每个人每一天做得最多的事就是说话，我们跟同事沟通，跟家人沟通，甚至接触各行各业的人，需要与陌生人沟通。说得好皆大欢喜，说得不好不欢而散，甚至还有因为一言不合而掀翻友谊的小船或爱情的巨轮的，沟通是我们生命的主要一部分。

有智慧者说："回答柔和，使怒消退；言语暴戾，触动怒气。智慧人的舌，善发知识；愚昧人的口，吐出愚昧。"

可见同样的话，用不同的方式说，说出来的效果有很大不同。许多家庭为什么不和谐？为什么连夫妻俩都无法有一致的思想？为什么亲子之间无法理解？在我看来，问题都出在沟通上，浅层次的沟通就是你有来言我有去语，而深层次的沟通一定是"走心"的。尤其是夫妻之间的沟通，若想要通往彼此内心深处，想要激发或触动对方最温暖最柔软的那个部分，一定建立在用心沟通的基础上。

我们看一下日常夫妻的几个层次的沟通：

第一，就事论事无感情色彩的沟通。

丈夫："今天你送孩子吧，我要迟到了。"

妻子："行，你下班记得取钱，孩子要交托费。"

丈夫："知道了。"

这样的沟通，就是事实层面的沟通，一问一答，缺少温情，如果日常所有的对话模式都是这样，就会有一种缺少温度的距离感。

第二，表现出"挑剔"的沟通。

丈夫："孩子成了学习的机器，天天关在屋里，你也不带他出去转转。"

妻子："你以为我不想出去吗？家务这么多，孩子作业那么多，哪儿有空？"

丈夫："你不会统筹一下时间，一天到晚喊没时间，你有那么忙吗？"

妻子："那你管孩子吧，我不管了行吗？"

这样的沟通，已经有了"冲突"的火苗，两个人只想表达观点，想要求对方或挑剔对方，没有彼此理解，共同协商，一旦双方都不及时停嘴，就很容易发展成争吵。

第三，谈心理感受的沟通。

丈夫："我看孩子天天写作业这么晚，身体能吃得消吗？我有点儿担心孩子的身体。"

妻子："是啊，天天这么学，我也怕他吃不消。不写完又不行，我也替他着急啊。"

丈夫："哎！要不咱们问问孩子吧，看他感觉怎么样？"

这样的沟通，已经不是就事论事，也不是各谈自己感受，而是开始用心在说话了。夫妻面对共同的孩子，都有了"担心或着急"，已经在话里基本达成了一致的思想。这一层次更多的是情感的交流，并且因为感受是客观存在的，所以更容易让彼此接纳对方。

第四，真正用心的亲密沟通。

妻子："怎么了？眉头拧成川字了，不开心吗?"

丈夫："是啊，工作有点儿累了，天天不能陪孩子，回家他都睡了。"

妻子："老公工作辛苦，孩子写作业辛苦，你不陪孩子也知道你爱他。"

丈夫："老婆也不容易，一天也挺累吧，这么晚还没睡。"

妻子："我等你呀，你和儿子都这么辛苦，这么不容易了，我当然也得向你们看齐呀。"妻子人轻笑一声，屋里飘荡着甜蜜的味道。

这个层次的沟通，两人在思想和感受方面相互独立，但却能做到你中有我，我中有你。在抒发自己感受的同时，因为亲密感的存在也时时触摸着对方的感受。这种感觉很美好，但它不是一蹴而就的，而是基于双方都对彼此有了全面的认知和长期的了解。

在婚姻关系中，沟通是一份责任。当然，每对夫妻都需要安静沉思的空间。然而就夫妻关系而言，沟通是爱的操练。更重要的是，想要培养一个会说话高情商的孩子，夫妻的用心沟通更是必不可少。有句话说得好，孩子情商高不高，都藏在夫妻的沟通模式里。

夫妻之间也许做不到时时刻刻用心沟通，但也不能暴力沟通，尤其是有孩子的夫妻，你们怎么说话，旁边的那双小耳朵早已全盘接收。用心沟通，为了创造更多的爱，我们都要努力尝试，不断学习。

把心放宽，好日子就来了

杨绛曾说过，人所以烦恼，是因为读书太少，想得太多。我理解这种

"想太多"，应该就是指内心不够敞亮，心有挂碍，凡事都想计较，凡事都在意，就会把自己搞得太累，夫妻之间尤其如此。杨绛和钱钟书的爱情感动了好几代人，他们的伉俪情深不仅仅是因为他们读书多，更是因为他们在意的少。直到杨绛 105 岁去世后，人们才发现，他们夫妇俩最大的财产就是书，他们在一个不太宽敞的旧屋里住了一辈子，而他们却是精神世界里的亿万富翁。我觉得他们的爱情是最好的典范，他们有共同的爱好，心不受外物所绊，轻轻松松过一辈子，一辈子都是好日子。

当然，世界上只有一个钱钟书一个杨绛，他们的爱情可谓是旷世情缘。而我们普通夫妻如何在柴米油盐的浸染下，在日复一日的烦琐里保有一颗"不以物喜，不以己悲"的心，把日子过好呢？

我认识一位做保洁的大姐，每次见她，都觉得她与众不同，脸上挂着满足和幸福的笑容。我心里很好奇，一个工作在底层的人，是什么定力让她有那么美好的笑容呢？

一次偶然机会和她交流后，才知道她的生活很惬意。她说每天下班都会在固定的地点等丈夫骑电动车来接她回家，丈夫是油漆工，无论刮风下雨，也雷打不动地接老婆回家。回到租的房子里，他俩一起做饭，虽然两个人挣得不多，除去房租、生活费以及给孩子交的学费后所剩的不多，但一家人能在一起，孩子没有成为留守儿童就很幸福了。

听着她的话，我心里涌起满满的感动。"漂"在一个大城市，夫妻都干着最苦累的活儿，但她还能享受生活，觉得日子很幸福。我在内心给她点赞，觉得女人要是有这么好的心态，何愁没有好日子？

她很享受自己的生活，她说自己能不用天天顶着日头工作，能在办公楼里打工挣钱，就觉得自己很能干了。自己的孩子能带在身边，一家人住在一起，丈夫和自己还能挣钱，她觉得很幸福，她说自己虽然打工挺辛苦，但每天晚上看看夜景，也挺幸运。我问她租的房子小会不会太艰苦，她说没什么艰苦的，比起在农村老家面朝黄土背朝天，一年攒不下几个钱来的生活，现在的工作可是体面多了。

这个清洁工大姐，就是一个典型心宽天下宽的人。她没有抱怨，享受在自己的一方天地之内，有着属于自己虽平凡却可贵的幸福感，可见，心若不卑微，出身是什么都不卑微。

与此相反，我有一个朋友却恰恰是那种把好日子过得特别拧巴的。

我的这个朋友是个有正式工作的人，父母是正处级干部，一线城市有三套商品房，车子是百万级别的豪车，自己的工作也是薪资不错的好工作。但每次相聚时总看他眉头紧锁，他说自己生活和工作都不在状态。我很诧异，按理说他出身好，经济状况好，个人工作和生活品质绝对都是上档次的。可是他却说："别人还有住别墅的，送孩子出国的，而我们不过是太普通的人，路还那么长，未来风险那么大，开心不起来。"我们都说他放不宽心，这山望着那山高，人比人还不气死人。

有一段关于知足惜福的人生感悟，说得非常好：

人生尽是福，唯人不知足。

思量挑担苦，徒手便是福。

思量行路苦，骑驴便是福。

思量饥寒苦，饱暖便是福。

思量病痛苦，无疾便是福。

思量露宿苦，陋室便是福。

思量慌乱苦，平安便是福。

思量失业苦，佣工便是福。

思量加班苦，安睡便是福。

思量折腾苦，安静便是福。

思量离别苦，团圆便是福。

假如过生活，每对夫妻都能对眼下拥有的知足，把心放宽，知足惜福，我相信人人都能过好日子，天天都是好日子。

长相知，不相疑，天长地久

有这么一位女学员在课后神神秘秘把我拉一边问："春天老师，我想跟您请教个事情，我发现我老公偷偷存私房钱，肯定是想背着我给他的父母花，或者想偷摸干点坏事，你说我是该忍着假装不知道呢？还是揭发他呢？"我一听她的话，就知道她肯定忍不住，不然她也不会向我讨经验。她一本正经说这件事，大有红卫兵要斗地主的架势，我就想逗她一下："你就假装不知道。""可我装不住，想着他自己私设小金库，我就睡不踏实。"我又问她，对自己的丈夫信任不信任？她却一口肯定地说："当然信任啊。"

其实，很多时候留小金库的先生往往折射出背后一个把钱婆，老婆一定把钱看得特别紧，不给男人一点金钱自由，哪里有压迫哪里就有反抗，哪里缺自由自己就会想方设法去弥补。

后来我给这位学员出了个主意，不但让她不要揭发，还要主动拿出一些钱给丈夫，不知道她有没有按我的方法去做。我觉得，如果不去揭发反而给予，男人收到的信息就是妻子对自己是信任与尊重的，这样一来，事情就会特别容易解决。因为，夫妻之间最大的财富就是信任。

妻子信任丈夫不会乱花钱，他慢慢地就真的不会大手大脚，会把钱花在刀刃上；丈夫信任妻子是一个很会管家的人，慢慢地女人一定会成长为大管家，把家管得井井有条。

妻子信任丈夫不会背着自己干所谓的"坏事"，丈夫就真的不会，哪怕做了"坏事"也会良心发现，不再重犯或勇于坦白。

夫妻之间的相互信任，是夫妻两人能够和平共处的一个基本保障。如果夫妻之间失去了最基本的信任，互相猜忌，那么就会激发很多潜在的矛盾，或者会制造很多并不存在的矛盾，并使当前的矛盾迅速升级。

我有个女性朋友，嫁的丈夫可谓财貌兼备，最初，大家都羡慕她有福气，找的丈夫帅气又能挣钱。但是结婚三年，渐渐地她就不参加朋友们的聚会了，后来经过了解，她和丈夫都分居快一年了，就差个离婚证了。原来，丈夫是金融公司的大客户经理，平时需要频繁接触客户，当然其中不乏女客户。有时候难免跟客户应酬回家晚，她就坐不住了，从最初质问丈夫是不是有了外心，到后来天天查手机，更多的时候她给丈夫夺命连环call，丈夫说有客户的时候她就让丈夫录一段小视频发给她，丈夫非常反感，认为妻子一点儿也不信任自己，所以干脆拒绝她的要求，最后忍无可忍，丈夫竟然把她的手机号码放到了黑名单。但她却没有意识到自己有问题，等到丈夫回家她更是无休止地吵闹，最后两个人过得十分疲惫，妻子说丈夫在外面应酬，人又帅，肯定心不在她身上了，丈夫发现妻子结婚后变得疑神疑鬼，既不相信他又极度不自信。冷战了两个月，丈夫搬到了公司宿舍，两人开始分居。

这是一个典型的婚姻信任危机。

人都说，婚姻最重要的就是两个人相互信任。想来没错，听来也没错，但现代婚姻却时常遭遇着信任危机。

大家都知道"狼来了"的故事。狼来了，狼来了，但当真正狼来的时候没有人再相信了，小孩因为说谎太多次而遭遇了信任危机。其实，婚姻何尝不是呢？刚结婚时，每一对男女都是满足而幸福的，但为什么会出现无数婚变的故事呢？从原先的诺言到最后的谎言、出轨、抛弃，很难讲两人该如何再回到之前亲密无间、无话不聊、相互依靠、相互理解的状态。当一方内心多次受伤，我相信，他（她）是很难再建立起对对方的信任的，怀疑对方所讲的，怀疑对方所做的，怀疑对方所有目的等。最终，破镜不能再重圆了，除了精神上的冷战、吵架、离婚也是必然的了，尽管有时心里未必真正愿意，但事实上没有信任的婚姻让双方都觉得越来越累。

我的同事就做得非常好。我们做家庭亲子培训的人需要经常全国各地飞来飞去。一旦落地入住，他要做的第一件事，就是给老婆打个电话，或者和老婆互发微信，聊一些旅途上的见闻，夫妻间的暧昧情话，通常一聊就是一两个小时。朋友给我的解释是：一来，你不停地打电话发微信，就没有闲暇干别的，老婆就会很放心；二来，老婆一个人在家，肯定很孤独，你人虽不在身边，但心一定要在，否则，她就会很煎熬。

听他说，他的太太比他还有智慧。她从来不翻看老公的口袋、随身携带的包和他的手机，不偷窥他的聊天记录，不过问他的私房钱。即使老公经常加班，回家很晚，她也不会冷面相对、刨根问底，取而代之的是更多的关心和体贴，比如给他煮一碗热腾腾的面，或者帮他揉一揉肩。同事经常开玩笑似地对我说，老婆对他如此信任，如此放心，搞得他连犯个错的勇气都没有。虽是玩笑，但也道出了一个真理：你让我放心，我会让你更放心，互相放心，夫妻才能和谐相处。

所以，要记住：不相疑，才能长相知，给予对方更多的信任，也是一种自信的表现。天下本无事，庸人自扰之。

互留空间，幸福感会更强

如果把婚姻比作开车上路，那么最安全的驾驶方式，就是与前后的车保持安全距离。夫妻彼此要保持一个安全的距离的同时，也要与别人保持一定的安全距离，毕竟小心才能驶得万年船。

人们从前认为夫妻之间应该亲密无间，彼此没有任何的隐私。现在有另一种观点认为，夫妻之间相互吸引的源泉不在于袒露无疑，而在于保有一丝神秘感。这种神秘感的创造来源于夫妻间不断地发展自身，给自身及自己的婚姻世界不断加入新的内容。

想分分秒秒都腻在一起的大部分是小夫妻，但我身边老夫老妻的比较多，他们大部分都知道拿捏分寸。有一次有个刚结婚不到两年的女孩跟着亲戚来听课,上完课她问我:"春天老师,是不是男人一结婚就变了?"我微笑着不搭话,相信她一定有下文。她接着说:"以前我怎么黏他,他都不烦,现在倒好,我只要陪在他身边,他就想跑。比如,我看了N遍《甄嬛传》,也想拉着他一起看,他不但不看,还说我脑袋中毒了,天天不是嘴里自称本宫就是朕,连拿拖鞋都说'小六子,伺候小主麻利儿的',可我不是觉得这部戏台词好嘛,我这样说是撒娇,他不解风情就算了,现在知道我想让他陪我,他宁愿约哥们儿一起去酒吧也不愿意在家。他越不在意我,我越想让他在意,我怕他不爱我了,就偷偷查他手机,看看是不是有什么情况,结果被他发现了,他很生气。"

我看着眼前这个可爱的小媳妇,知道她的心还没过完新婚蜜月期,可是男人已经过去了。我跟她说:"热恋的时候,他会觉得你黏他是在乎他。可是现在你们结婚了,要过长长久久的日子,哪个男人能受得了一天24小时都和老婆在一起?我们要学会给对方空间,也让自己充实起来,总黏着他,他会觉得你没事干。"她问我那该怎么办的时候,我笑着对她说,多来听我们的课,你在听课就不再黏他。

果然,这招挺有效。她积极融入我们的课程,并成为一个积极分子,不但提前学了教育孩子的知识,而且她的老公还有所变化,开始反过来想黏着她了,不是问她几点回家,就是不停发微信问她在哪里,干什么?每当这个时候,她就美美地朝我举个胜利的手势,证明我给她的方法是对的。

这样的例子很多,有的妈妈们因为太过在乎老公而失去了自我,只要老公一出差,感觉自己三魂丢了两魂,只要老公加班晚回,就感觉有第三者抢男人,这样下去,不仅把自己过得战战兢兢,还把对方搞得签署、筋疲力尽。

人与人之间其实就像是相互取暖的刺猬，只有适度的距离才能更加和谐地相处，不被彼此刺伤。就像俗话说的"距离产生美"。夫妻相处时，更要遵循"刺猬法则"，因为如果一个女人把全部的身心都扑到一个男人身上，太重的爱反而会让男人压力很大，甚至有窒息的感觉。最终往往是"身在福中不知福"的男人想方设法"胜利大逃亡"，活生生被逼成"当代陈世美"，好好的婚姻碎了一地。

所以，想要幸福感更强，就要懂得最亲的人之间也需要安全距离，这个距离既是尊重对方，也是看清自己，知道自己在成长。

相互扶持，夫妻才能相伴一生

女主内男主外是我们都很熟悉的一句话，事实上，随着社会发展，女主内男主外不再是一条铁律。更多的时候我们讲究是男女平等，或者说，现在夫妇不分工，不需要明确分工究竟谁该主内、谁该主外。夫妻一个家，需要的是相互扶持，有能力在外面赚钱的就赚钱，有能力在家教育孩子操持家的就在家，夫妻互相认同，这样才能相伴得更久。

有一个妻子是做销售的，有了孩子以后依然没有放弃工作，遇到销售旺季，她挣的钱相当于丈夫的好几倍。丈夫权衡了一下，自己辞职回家带孩子，让妻子上班挣钱保障家庭经济来源。最开始妻子很满意这样的安排，可是时间一长，妻子就感觉"亏"了，每天早出晚归上班，回到家看到男人没有收

●学会爱，让幸福发生●

拾好屋子，孩子的衣服也没有整理得干净利落，她就开始生气，从最初的发脾气扔东西，上升到拿东西砸丈夫，说丈夫钱也挣不来娃也带不好。丈夫也很委屈，觉得自己作为一个男人屈尊回归成一个超级家庭妇男，妻子不但不理解不体谅还用武力对待，等到第三次妻子发飙时，丈夫提出了离婚。妻子非常不能接受，她认为自己像个男人一样扛起了家庭的担子，这个男人怎么就不体谅自己呢？

还有一个案例，因为妻子是家庭主妇，丈夫总觉得自己一个人赚钱养家，但妻子却什么都没干，他内心极度不平衡，又因为有了孩子不想离婚，于是找心理医生疏导。

医生："你是以什么为生的，先生？"

丈夫："我的工作是银行会计师。"

医生："你的妻子？"

丈夫："她没有工作，她只是一个家庭主妇。"

医生："早上谁做早餐？"

丈夫："我的妻子，因为她没有工作。"

医生："你太太什么时候醒来为你做早餐？"

丈夫："早上5点左右，因为她要先打扫房间后才做早餐。"

医生："你的孩子如何去上学？"

丈夫："我的妻子送他们去上学，因为她没有工作。"

医生："送孩子上学后，她又做了些什么？"

丈夫："她去市场买菜，然后就回家做饭，洗衣。你知道，她没有工作。"

医生："到了晚上，从办公室回家，你会怎么做？"

丈夫："休息，因为我下班后实在太累了。"

医生："这时候你的妻子在做什么呢？"

丈夫："她给全家人准备晚饭，照顾孩子用餐，饭后清洗餐具，打扫房间然后哄孩子们上床睡觉。"

丈夫只看到了自己挣的薪水，却抹杀了一个妻子一天忙到晚的辛苦，竟然口口声声认为妻子所做的事仅仅是因为她"没有工作"。

上面两个例子，都说明一个问题：夫妻没有相互扶持，都只看到了自己的付出，没看到对方的付出，只强调了自己的苦累，没在意对方的不易。

所以，要相伴一生，一定要相互扶持，既要看到自己的付出，更要看到对方的付出。

诱惑当前，能抵制才强大

我们生活在形形色色的大千世界，周围充斥着各种诱惑，没钱的时候夫妻也许能埋头苦干，同心向未来，生活渐渐好过起来后，无论男女都会变得不安现状，甚至心猿意马。如此一来，才会让人们感叹，好女人就是能陪男人过苦日子，好男人就是能陪女人过富日子。

在做家庭亲子教育这些年，我发现父母离婚对孩子的伤害很大，虽然离婚的理由千千万万，但百分之八九十跟出轨脱不了干系。

新加坡家事及司法中心做过一项调查，结果表明夫妻关系中丈夫平均年龄40岁，妻子平均年龄37岁时婚姻最容易出现问题，这也证明了很多人说的婚姻头三年是磨合期，七年是危险期，而十年开始则是倦怠期。男人40岁、女人37岁正是很多人婚姻的第十个年头左右，多年来柴米油盐积累下来的每一个矛盾都是感情破裂的武器，再加上新鲜感早已消失，互相能给对方带来的刺激也所剩无几。喜新厌旧本来就是人性的特点之一，因此当一个人厌倦了彼此的关系，厌倦了对方，外界任何东西都可能成为导火索，比如，寻找新鲜感，寻找刺激等。所以，规避出轨风险，就看自身是否有强大的抵制力。

外遇"合理性"的理论支撑是"婚姻出了问题"，且不论那些婚姻幸福还仍然存在的出轨问题的人，即使真的是婚姻出了问题，正确的做法应当是：全心全力去经营婚姻，解决那些存在的问题。外遇，其实就是一种逃避，逃避在婚姻中的责任和担当，逃避对爱人、孩子和家庭应该负起的义务和责任。所以，选择外遇其实才是真正的无能的人，那意味着对自己的婚姻"无能为力"，其实很多时候，不是对婚姻真的无能为力，而是一个人根本就不再想对此有所作为。

婚姻难免遭遇鸡肋，关键是如何过渡？

我认识一位先生，一个装修公司的老板，儒雅精明，许多女人对他一见钟情。妻子生完孩子开始当家庭主妇，在她的生活里除了照管孩子和丈夫的一日三餐，剩下的时间就是打扫房间，整理衣物。去过她家的人都调侃，她家的地板比她的脸还干净。而如此全情投入家庭的妻子，却忽略了自己，天天忙忙碌碌，没有自己的社交圈子，跟自己的丈夫似乎也没有了共同话题。

丈夫接触的人多，圈子广，认识的朋友也多，偶尔也会接触到秀色可餐的美女，有几次，丈夫差一点儿动心。可是，每当他下班回家，看到妻子笑呵呵地把可口的饭菜一样一样摆上桌，既不忘了叮嘱孩子多吃长身体，又时不时给他夹菜，他的内心就荡起一圈圈温暖。

每当这个时候男人就想着自己和妻子青梅竹马，结婚时经济条件不好，妻子跟他吃了不少苦。后来他决定做装修生意，当时为了省工钱，妻子便和他一起干，扛油漆桶刷墙角线，登高爬梯很辛苦。后来，终于挣到一些钱，买了房和车，也能雇得起工人了，男人就不再让妻子出来工作，只要在家里照顾好孩子就行。如果好日子刚开头就不珍惜，好日子也就过到头了。于是，男人即使面对再多的诱惑，也能靠着自己强大的内心坚决抵制。

现在他们的家庭平稳走过了16个年头，孩子都读高中了。每次看到他们夫妇二人，我还是由衷地替他们高兴，他们诠释了什么是陪男人过苦日，陪女人过好日子，也给孩子一个平静和谐的家。

很多时候，婚姻都会有一段食之无味弃之可惜的鸡肋过渡期。往往这个时期外界的诱惑也显得特别多，如果夫妻双方都能靠自身的坚定信念去抵制，我相信，所有的婚姻都能不忘初心，始终美满。

顶梁柱的真正含义

说到"顶梁柱"，我相信大多数人会把这个殊荣颁给男同胞，认为一个家里，真正能起到顶梁柱的是丈夫。事实上，随着社会发展，我相信妻子也可以成为家中的"顶梁柱"，或者说，夫妻齐心合力，心向一处看，家才有真正的"顶梁柱"。

一个男人最大的本事，不是他赚了多少钱，买了多少房。而是，在他身后的那个家里，爱他的妻子和孩子，他们能感到多少温暖和幸福。

一个女人最大的本事，不是她是多么光鲜靓丽，多么能说会道，而是在她的感召和呵护下，家充满的温情和愉悦。

中国最有内涵的一个字是"安"。"安"上面一个宝盖头寓意为家，就是告诉男人，女人就是家，家里有一个女人，你的心里才能安宁，你才能感觉温暖。

古语"妻贤夫安"可能就是对这个字的深刻解释。拿破仑说过："推动摇篮的手，就是推动地球的手。"这就告诉我们，因为女人给了男人和孩子一个温暖的家，才让他们有了推动地球的力量。这，在我看来就是顶梁柱的真正含义。

男女组成一个家，是顺应天道的。天地之道，人事之理天刚地柔，男人要刚健，自强不息，进取不止；女人要阴柔，厚德载物，包容慈爱。

夫妻伦常关系，就是天地阴阳，代表日月，日月和合为"明"，具有光明之心，就有了智慧。这一个"明"字就告诉我们怎么做人，古圣先贤真是太智慧了。夫妻阴阳颠倒，所以才会处不好关系，双方都痛苦，小孩也会阴阳失调，智力和健康就会出问题。

在夫妻关系中，乾道为男，坤道为女，男女之道，就在乾坤上见分晓。乾为刚，坤为柔，所以，刚柔之道就是家庭的位置。男人主刚，为火，女人主柔,为水,男刚女柔,水火相济,家才平衡。在这样平衡的家庭氛围里,孩子既能学到父亲的阳刚,又能学到母亲的柔美,无论是男孩还是女孩,都能在观照父亲的时候参照母亲,观照母亲的时候参照父亲,这样的孩子就受到了潜移默化的影响,懂得了什么才是真正的相处之道,怎样才对家有最大的贡献。

珍惜能吃的日子,珍惜一道举筷的人

有个学员,课后跟我说她最大的期盼不是在情人节收到大捧的鲜花,也不是男人给她买鸽子蛋大的钻石,而是希望丈夫能天天陪自己和孩子共进晚餐。初听还以为这样的要求很低很容易被满足,细琢磨才发现,这个要求很高。

不能共进晚餐的家庭太多了,不是先生应酬太多,就是妻子出差不在家,前者我想要占90%吧。往往男性们也很苦恼,身兼多职的他们也觉分身乏术,在家他们是丈夫是父亲,在外是老板、职员或合伙人,他们对内要呵护家的安全,对外要赚钱,所以,很多时候他们为了应付"事业",忽略了家。我调查过一些男士,不在家吃晚餐的男性所占比例很高,而且大多数人认为不在家吃晚饭很正常,有时候是因为回家晚,有时候则是要跟客户应酬。

事实上,很多亲子教育的问题都能在餐桌上体现。

有一次我和一位家长聊天,他属于那种打拼事业顾不了家的人。我问他为什么下了班不回家呢？他说，好不容易暂时放下了工作，就想消遣一下，自己放松一下，家里有不到五岁的儿子，淘气顽皮，回家嫌闹得慌。我就问他，为什么不想个办法跟孩子一起玩儿呢？也是很好的放松呀。他很不解地反问我："春天老师，这是你们女同志的看法吧？我们作为大男人，怎么能陪一个孩子玩儿呢？"我又拿出专家的口吻说："孩子需要父爱呀，你躲在咖啡馆里，孩子可眼巴巴盼着你回去呢。"

有过一段时间，我也是天天忙忙忙，到什么程度呢？不是在飞机上，就是去飞机场的路上，不是在讲课，就是在去讲课的路上，别说顾不上跟家人共进晚餐，甚至有连续几天不在家。后来我在想，我有那么忙吗？有那么多事比陪伴家人更重要吗？于是，我开始自省，觉得工作固然重要，事业固然重要，更重要的是陪伴家人。所以，到后来，不管工作多晚，不管在哪个城市，我都会想方设法买到回家的机票，哪怕很晚才能到家。每当看到家里的亲人因为看到我的那份喜悦，我觉得即使很累、很赶，也很幸福。

什么是缘？就是能聚在一个桌上吃饭，一个锅里搅粥，这是最大的缘分，值得我们拼尽全力去珍惜。

把父母、伴侣、孩子当成"人"来看

看到这个标题，我相信大家一定会说，春天老师为什么这么说，过日子，建家庭，当然得把最亲的人当"人"看呀，要不还能怎样？

事实果真如此吗?

有没有这样的场景:

年轻夫妇让老人帮着带孩子,老人不想带或者带得不太好,就对他们加以指责,觉得老人不给带孩子就是对不起自己?等父母有了病需要人照顾的时候,就感觉父母是负担心存不满?这样还能是把父母当人吗?

如果把父母(双方父母)当人,就会觉得老人给带孩子是帮忙,得感激,不给带,也不怨责,因为隔代没有抚养责任和义务。当父母身体有恙,儿女需要积极照顾,反哺是恩情,是孝义,也是责任和道德。

再看伴侣之间,恩爱时是你侬我侬,一旦发生矛盾恨不得把所有错误都推到对方身上。无论是妻子对丈夫,还是丈夫对妻子,经济收入良好时喜笑颜开,没有收入或失业或下岗的时候,横眉冷对,百般嫌恶。这是把伴侣当人看吗?

如果把伴侣当人,尤其是矛盾当前,要换位思考,能责己恕人;如果把伴侣当人,就要接受她/他,不管对方挣的是大钱还是小钱,或是短暂地没有收入。

最后我们看看亲子之间,很多父母都说他们不但把孩子当人,还视孩子为生命,为全部。这话不假,很多父母的确是爱孩子多过爱自己,但这种爱也折射出没有把孩子当成真正的"人"——也就是独立的个体对待。充其量,把孩子当成玩偶,当成宠物,当成精神和未来的寄托。在孩子表现好时就替他们做决定,他们犯了错就对他们惩罚责骂,走两个极端,要么认为孩子"你真棒",要么就是"棍棒"伺候。这还能说把孩子当"人"看吗?

把孩子当人,是爱他本来的样子,哪怕他学习不好,哪怕他身体不好,哪怕他经常会犯错，哪怕他屡教不改，父母要能以成熟的心态接纳一个孩子的纯粹和本真。这样，才算真正把孩子当"人"。

我给大家抛砖，将来你们引玉，让我们共同学习如何把身边最亲的人当"人"。这样，不但他们得到了爱，我们也在爱中升华和成长。

婚姻无法挽回时，请有尊严地分开

我说家是讲爱和放心的地方，意在说明，我们每个人都有义务爱家，让这条小船平安远航。可是，不是所有的家庭都能一帆风顺，也会遭遇暗流触礁的风险。但是，如果婚姻无法挽回的时候，我们切记把对亲人的伤害降到最低，有尊严地分开，也是爱家的一种表现。

我给大家分享一个我非常喜欢的故事：

一个从一无所有逆袭的男人，有了钱有了公司，对自己的结发糟糠之妻就看不顺眼了，他想这段婚姻是到该结束的时候了。

他在她的银行账户里存入了100万元，给她在繁华的闹市区买了一套精致的房子，他不是没良心的男人，不安排好她的后半生，他心里不安。

他终于向她提出离婚。

她坐在他对面，静静地听他讲离婚的理由，目光鸽子般温顺安静。约定她离家的日子到了，那天恰好他的公司有事，他让她在家里等着，中午回来帮她搬家——搬到他为她买的那套房子里，而他们20多年的婚姻也将到此结束。

一上午，坐在公司处理事务的他都心神不定，中午，他急匆匆赶回来了，家收拾得干干净净，她已经走了，桌上放着他送给她的那套房子的钥匙以及那本100万元的存折，还有一封信，是她写给他的。

她没有多少文化，这是这辈子她写给他的第一封信：

我走了，回乡下老家了。

被褥全部拆洗过，在阳光下晒过了，放在贮藏室左边的柜子里，天冷时别忘了拿出来用。

所有的皮鞋都打过了油，穿破了可以拿到离家几米远的街角处找修鞋的老孙头修补。

衬衫在衣柜的上方挂着，袜子、皮带在衣柜下面的小抽屉里。

买米记得买金象牌的泰国香米，要去百佳超市买，在那里不会买到假米。

钟点工小孙每周来家里打扫卫生，月底记得付钱给她，还有别忘了，穿旧的衣服就送给小孙吧，她寄到乡下，那里的亲戚会很开心的。

我走后别忘了服药，你的胃不好，我托人从香港买回了胃药，应该够你服用半年的了。

还有，你出门总是忘带家里的钥匙，我交了一把钥匙在物业，下次再忘了就去那里取。

早晨出门时别忘了关门窗，雨水打进来会把地板淋坏的。

我包了荠菜馄饨，在厨房里，你回来后，自己煮了吃吧。

她的字写得歪歪扭扭，难看极了，可是那些字为什么像一粒粒呼啸的子弹，每一粒都带着真情穿透了他的胸膛？

学会爱，让幸福发生

他慢慢走进厨房，包好的荠菜馄饨整整齐齐地摆放在案板上，每一只都带着她的指痕和体温。

他忽然想起20多年前，他站在高高的脚手架上当泥瓦工，离脚手架不远处的工棚里传来她剁馅包馄饨的声音，记起了那声音带给他的幸福和欢乐；记起吃过馄饨的他心满意足，仿佛刚刚赴过一场盛宴；记起那一刻他的誓言：我一定要给我的女人幸福。

他转身下楼飞快地发动了车子。

半小时后，浑身汗透的他，终于在开往乡下的火车上找到了她。

他生气地对她说："你要上哪儿去？我上了半天班累坏了，回到家连口热饭都吃不上，你就这样做老婆吗？太过分了。赶紧跟我回家！"

在这个故事里，我看到了一个充满爱和智慧的女性，她用自己的尊严，让男人看到了自己的残忍。

我还认识一个培训界的朋友。他和前妻离婚的时候，孩子还小，不满一周岁，当时他是净身出户，把房子和财产都留给了妻子。为了让孩子更好成长，他选择了放弃孩子的抚养权。多年后的他，凭着自己的努力又挣了些钱，便隔三差五去看孩子，并告诉孩子，爸妈之所以分开，是因为彼此不再相爱，但他们都依然爱着他。在我看来，这也是一个非常有智慧的爸爸。

所以，当夫妻两人面对一段走不下去的婚姻，给彼此留下一个最好的印象，好聚好散很重要，有尊严地分开很重要。夫妻不能成为朋友，因为彼此伤害过，但一定不能成为仇人，毕竟曾经相爱过；而且有尊严地分开是给孩子一个最好的榜样，没有爱可以分开，但不要以不爱为借口再彼此伤害。因为，父母爱孩子，就要在方方面面想到孩子的感受。

第四章

父母爱孩子，要为之计深远

先有夫妻关系后有亲子关系

网络上流行一句话：最好的家，就是爸爸爱妈妈。相信很多人对这句话产生共鸣，也直接说明了一个事实，在孩子眼里爸妈恩爱，比爱他还重要。这也是我想说的，想要教育好孩子，要先把夫妻关系放在第一位。

亲子之情同夫妻之情都是人类崇高的感情，前者有血缘纽带，后者有亲密的姻缘桥梁，两者可以互相渗透、促进，家庭成员之间融洽的关系，是孩子心理健康的重要基础。对于孩子来讲，父母就是他的整个世界，是他生活的楷模，如果孩子经常看到父母间的冲突，他们会感到极大的不安与畏惧。父母能送给孩子最好的礼物，就是美好的婚姻，婚姻关系会影响孩子安全感的建立，影响他将来的社会关系以及人际关系等方面。

夫妻关系不和谐，从孩子的身上也能反映出来，这类孩子往往郁郁寡欢。也许有人问，孩子怎么会了解夫妻间的关系？其实，孩子很早就具有能感受来自四周刺激的敏锐头脑，在他身旁，父母若是每天在争吵，结果将是很糟的。

同时，我认为，不要让亲子关系超过了夫妻关系，不要因为过分爱孩子而忽略了自己的配偶，只有父母都爱孩子，但同时又彼此相爱，就不会因为爱孩子而忽略了对方的爱。这样，孩子就会慢慢懂得，尽管妈妈如此爱他，但爸爸才是妈妈最好的伴侣，而他不过是个孩子。于是，他会安心地做孩子，享受父母给他的爱，同时，他努力向爸爸靠拢，知道只有变得像爸爸一样，才能赢得妈妈更多的爱。这种心理转变，是男孩成为男人和女孩成为女人的基本动力，所以，和谐健康的家庭关系是这样的：

如果是父亲，就要对女儿说，我爱你，但妈妈才是能陪伴我一生的；

如果是母亲，就要对儿子说，我爱你，但爸爸才是能陪伴我一生的。

有一次，一个妈妈带着她五岁的儿子来参加我们的课。讲课期间孩子一直安安静静，也许他还不能完全听懂课的内容，但是在这个年龄本来是坐不住的，但这个孩子很安静，手里把玩着三阶魔方。下了课，我们在一起闲聊，小男孩拿起桌边的矿泉水递给妈妈说："妈妈你该喝水了。"吃零食前，他主动地问妈妈："妈妈吃吗？"见妈妈摇头，他才开吃。

作为一个做亲子教育的老师，我特别欣赏那种把孩子教育得有教养、识大体的父母，于是，就向孩子的妈妈请教，问用什么方法，把孩子教育得这么好。这位妈妈笑着说，自己并没有特地教育孩子关心人，倒是孩子的爸爸，每次她带孩子出门，爸爸都会叮嘱孩子："照顾好妈妈。"孩子的爸爸工作忙，经常出差，临走前也都会嘱咐孩子"照顾妈妈"。孩子还小，一开始不知道怎么算"照顾人"，就模仿爸爸妈妈的样子，妈妈吃东西很快，他爸爸经常提醒妻子"慢点，细嚼慢咽"，她肠胃不好，爸爸做饭尽量不放辣椒或少放，孩子看见了，也跟着学了。妈妈平时忙起来忘记喝水，爸爸每次打电话回家第一件事就是叮嘱妈妈喝水，小家伙把父母的这些做法都记在了心里。父母之间的相处之道，让孩子在潜移默化中学习了如何待人接物。

孩子是个小小的吸收器，父母每天在他眼前的言行举止对他而言都是现场教学。父母是否恩爱，是否拧巴，孩子是个非常敏感的审判员。

虽然，就情感来说，亲子情和夫妻情确实难有高下之分，爱人和孩子都是自己生命中最重要的人。有人说，孩子只能陪你 20 多年，而爱人却会陪你一辈子，这个说法是有一定的道理，但并不是因为这样，夫妻情就应理所当然超越亲子情。很多母亲给了孩子百分之百的爱，但给予爱人可能只有一半的爱，这样对于另一半而言是不公平的，亲子情和夫妻情都应同等程度被重视。

但是，对于孩子的教育而言，放错重点的爱有害无益，夫妻关系应该摆在亲子关系之前。首先，父母之间感情深厚，彼此深爱，这样幸福的家庭关系会给孩子带来安全感，对孩子的成长非常有利。其次，父母之间的相处方式和关系，会对孩子未来的婚姻观和家庭观产生深刻的影响，牢固的父母感情对于孩子是非常正面积极的示范，有助于孩子未来婚姻幸福。最后，夫妻关系在亲子关系之前，这样的家庭氛围不是以孩子为中心，有助于孩子培养正常的心态，摆正自己的位置，不会太自我。

所以，爱孩子先从爱伴侣开始，爱伴侣先从爱自己开始。真正的爱自己就是会自省、会换位，在深耕了夫妻关系的同时，才能经营好一个家，才能给孩子更好的爱和滋养，在孩子的教育上才能做到不施教而教。

父亲在家庭教育中的不可或缺性

古语说"养不教，父之过"，这个时代似乎越来越缺乏"父亲的教育"。

● 学会爱，让幸福发生 ●

原始社会中，爸爸会带孩子出门打猎，孩子和爸爸一起去探索世界。但现在却完全不是这样，爸爸没能成为家庭的重要角色，在家庭关系中成为一个影子式的爸爸，对妈妈和孩子来说爸爸缺席了，对爸爸而言，家庭甚至沦为了旅馆。所以，《爸爸去哪儿》火了起来，因为人们在《爸爸去哪儿》中看到爸爸在亲子教育上的重要性，以及对于家的重要性。我认为，一个父亲对于孩子来说是精神支柱，对于家来说是经济支柱。

有一个朋友是老师，她通过工作中的观察和总结，得出了一个结论：爸爸不同，孩子也不同，她是这样说的：

我接触过两个孩子的父亲，小强的爸爸是普通的工人，小帅的爸爸是企业老板。小强爸爸每天过着早九晚五周末基本加班的苦累生活，挣的钱刚刚够生活，家里唯一的机动车就是一个电动三轮车。小帅当企业老板的爸爸工作虽然很忙，但可供差遣的人更多，平日里出入有跑车，回家住的是宽敞的别墅，家里还雇着保姆，平时不是出差就是在开会，很少在家陪伴家人。这两个孩子在学校的表现很耐人寻味，和小帅相比小强并没有显示出什么差距，我观察这两个孩子很久，发现一个有趣的现象。起初，小帅总是向小强炫耀自己的名牌鞋子，高级游戏机，而小强只是笑笑并没有表现出多么羡慕，时间一久，小帅发现炫富没能给自己带来更多的收获，也就作罢。每个学期末，小强都稳坐班级第一名，让小帅反而有些难堪和着急，于是，他主动跟小强示好，两人变成了朋友。再后来，这个小帅从最初炫耀自己的财富变成了炫耀小强是自己的朋友。后来的几次家长会，我发现，小强的爸爸无论多忙都会来参加，而小帅的爸爸几个学期下来我都没见过人影儿。小强的爸爸每次参加完家长会总是最后一个离开，他会跟孩子的班主任聊聊，问问小强在学校里的情况，而且最后不忘跟老师说，孩子在家里是自己的孩子，来到学校全靠老师指点和费心，孩子的成绩就是老师付出的心血和汗水。他还总是谦虚说自己没什么文化，只是一个普通工人，不会教育孩子，所以托付给老师他很放心。多次交流下来，不论是我还是其他任课的老师，都给小强的爸爸竖大拇指，认为小强的爸爸不是一个普通的人，无论说话的谦和有礼还是对老师工作的认可和支持，都促使老师对这样的家长心存感激。这样的父亲怎么能教育不出好孩子？再后来，我们知道小强的爸爸在工作单位年年被评为优秀员工，从一个业务新手努力自学成了单位的工程师。

我们再回头看看小帅的爸爸，因为当惯了领导，有一次小帅在周末跟其他社会上的孩子拉帮结派发生了打斗事件，他的爸爸第一次找到学校，竟然说是学校的监管不当，还叫了几个安保人员，想用武力跟学校讨说法。这样的不分青红皂白，把本该属于家长监管的责任推给学校，本来就是一种不负责任的表现。所以，小帅的成绩一再下滑，还跟同学扬言说自己不学习也无所谓，反正有个当老板的爹，总有一天会接管爸爸的事业。

我们不能预测未来，但眼下这两个孩子已经分出了高下。一个好学上进，一个开始混社会堕落，这结果都来自于背后他们有不同的爹。

时下，许多父亲为了追求事业更多地在外打拼，教育孩子往往是母亲承担大部分责任。殊不知，金钱和母爱代替不了父爱，而且仅仅有父爱还不行，更需要一些心理学的知识，尤其是养育着男孩的家庭。很多妈妈感叹，老公回家就像住宾馆，只是回来睡睡觉，付付账单，其他基本指不上。比如：

带孩子去公园玩时，看着别人一家和乐融融，只有自己孤孤单单地带着孩子；

去大卖场，别人的老公在扛东西，自己只好想办法当女超人；

孩子生病了，自己想办法坐车、送孩子就医；

天色暗了，永远只有一个人面对煮饭、洗衣、照顾小孩等做不完的家事；

连上个大号，都得把孩子抱在膝盖一起进厕所；

家人聚餐，老公永远都缺席；

看电影时，只有娘俩进电影院；

出国旅游，老公大方出钱让你跟孩子一起去；

娘家的亲戚大概只有每年初二看得到女婿；

而孩子们永远跟邻居的叔叔比较熟。

这样的爸爸是不合格的，虽然他们会说，我不是要赚钱养家嘛。但我想对每一个当了爸爸的人说，你以为光会赚钱就是一个完整的好爸爸吗？

父亲在孩子身旁，就犹如定海神针，会让孩子得到支持与力量，父亲对孩子的理解、认同、鼓励，能够让孩子认同"我已长大，我要承担更多的责任"。青春期的孩子可能也会试探或违反一些规则与边界，父亲同样要正确地引导与教育，给他建立更为具体、更为细化的规则感与边界感，让孩子不至于成为脱缰野马，不知走向何处，能及时使孩子走上正道，为孩子的成长起到保驾护航的作用。

母亲在家庭教育中的不可替代性

母亲作为一个特殊的社会群体，她们的道德素质及道德教育在未成年人道德教育中起到特殊重要的作用，并直接影响道德教育的成效。

由于血缘关系所形成的天然的感情纽带和教育形式，使母亲在教育和培养子女方面有得天独厚的优势，母亲与子女朝夕相处，对孩子的情绪、爱好最为了解，可以根据实际情况及时发现问题，加以正确的引导和规劝，其效果往往比其他人的教育效果更好。从受教育者的角度分析，子女对母亲有一种与生俱来的依赖和信任，使其更容易接受母亲的教育和引导。

母亲对孩子的教育形式不应仅局限于讲道理，更重要的是母亲们平时的言谈举止，处世态度，待人接物的方式、方法等，这都对子女具有重要的教育功能。孩子具有模仿的天性，尤其在他们成长早期，父母的榜样作用更为明显。教育学家的研究表明，母亲有较高的道德修养，孩子就会以母亲为榜样，先是照着做，久而久之，习惯变成了自然，就成了他们日后处理各种关系的道德准则；反之，如果父母不注意自己的榜样示范作用，孩子也会模仿。

有一次我们举办亲子训练营，在活动没开始之前，家长和孩子可以自由活动，先熟悉场地，有位家长让我刮目相看，其他家长有的在拍照，有的在低着头玩手机，有的家长和孩子坐在一起玩儿手机游戏，还有一些家长聚在一起聊闲天，说这个妈妈的裙子好看，说那个妈妈的发型不错。只有一个妈妈，独自捧着一本书坐在草地不远处，时不时跟身边同样坐着读绘本的儿子交流一下。每次举办训练营，看到的都是在等候区低头看手机的家长和闲聊的家长，这是第一次看到读书的妈妈，我内心对其肃然起敬。

于是，我特意观察了这位妈妈好一阵子，她偶尔抬起头，看看在一旁玩耍的孩子，眉眼间全是笑意，表情安定，内心富足。与这位妈妈形成鲜明对比的是另一位妈妈，从上车开始就一直在抱怨，说什么应该爸爸来的，害得

● 学会爱，让幸福发生 ●

她还得放下工作跟领导请假，不是嫌孩子跑得太疯，就是嫌孩子一会儿要这一会儿要那，十分没有耐心。在车里因为妈妈的抱怨，孩子用小胳膊捅了她好几下，她回头瞪了孩子一眼，才闭了嘴，一脸不高兴地望向窗外。训练营开始，每一次有需要家长与孩子共同配合完成的游戏活动，只要能取胜这位妈妈的表情就缓和，如果孩子稍有配合不好，她就发脾气，冲着孩子大声嚷嚷："你真笨，真丢脸。"弄得不满十岁的孩子几次都眼圈发红，想要哭出来。我不知道这两个孩子长大了会怎样，但至少我觉得第一位家长教育出来的孩子不会差到哪里去。

我一直跟我的学员和身边的妈妈们讲，女人应该贤惠、内心厚道。不应该当着孩子的面去斤斤计较或者得理不饶人。一个母亲，假如经常很大声说话，常常跟家人起冲突或是当着孩子的面数落老人的不是，儿女从小看到母亲这么彪悍，口气又不好，好像跟训人一样，慢慢地，孩子长大后，就会和母亲一个口吻说话，所以有其母必有其子。如果母亲言语柔和、宽容、谦让，孩子就会受到感染和影响。一个家庭的风气，女人要操持大半，一个家庭的安定，女人的作用也超过男人，所以妇要有妇德，要有好的言语。

一个家里，如果妈妈是温暖的、体贴的、温柔的、乐观的、积极的、向上的、有主见的、会做决定的、有爱的、自信的、易感受的、负责任的、大方的和爱自己的，那么这个孩子就像一颗种子一样，在这个小苗苗长大的过程中，它的枝叶甚至树根里面都会生长出这样的特性。想象一下，如果叶片里面包含这么多滋养的气息，它的周围会是怎样的一个宇宙？

如果妈妈是焦虑的、紧张的、易怒的、消极的、受害的、迷惑的、迷茫的、束缚的、犹豫的、缺乏安全感的、不自信的和唯唯诺诺的，那么这棵树生长出来后的样子你可以想象得到，那是一棵弱不禁风的、恐惧的和束缚的、连叶片都泛黄的树，它在这个环境中会是如何成长的呢？它怎样与他人互动，它会吸引来怎样的能量呢？

因此，要想当一个好妈妈，先成长为好自己，同时又要了解孩子成长的土壤需要怎样的元素，二者结合起来，孩子必然会成长得好，成为一个独立的、向四周伸展的、浑身透着绿的、充满能量的和能够给他人遮风避雨的一棵树，能够向着阳光歌唱的树。

所以，母亲在家庭教育中是不可替代的、是先行的、是有着广泛和深远意义的。

孩子是唯一，不是全部

我在课上问现场的人，孩子是不是我们人生的全部？大部分人举手，说孩子是我们人生的全部。也有一些人表现出犹豫状态，既不说是，又不说不是。因为，如果孩子不是我们人生的全部，那是什么？或者在我们人生中占多大比例呢？

我对大家说："以我为例，首先，我是一个妻子。我想绝大部分妈妈们都有一个很重要的角色：妻子。其次，现在来听课的，一定是一位母亲，同时我还是父母的女儿。我们都是一个社会人，除了我们作为妻子，作为母亲，作为亲人的角色，我们还是朋友的朋友。"

而很多时候当了父母,尤其是妈妈们,把孩子当成了全部。把自己扮演的其他角色忽略了,或者天平完全倾斜到了孩子一方,在孩子身上掏心掏肺,在自己其他角色扮演上并不尽心尽力。

我自己挺有感受的,我有几个好闺密,相识都已经二三十年了,在有了孩子之后,我几乎叫不出来。今天我们去喝茶吧?没空。我们去吃饭吧?也不行。去逛街吧?不行,我要带孩子。所以在女性成为妈妈以后,可能有相当长一段时间,朋友的角色就不再是她们的主要角色了。最后说一下职业女性,这可能不是所有妈妈都会扮演的角色,但有的妈妈会一直持续扮演这个角色,有的妈妈会暂停一段时间,每个妈妈的选择都是不一样的。

有一个妈妈,因为在教育孩子问题上力不从心,选择来参加我们的家庭亲子教育课。课上,她说自己就是那种把孩子当成全部的妈妈。从怀孕开始,为了让孩子安全生产,她就辞职开始养胎,孩子三岁之前虽然家里有老人帮忙带孩子,但她总是认为老人的育儿理念落后,所以自己几乎是寸步不离孩子身边,一直亲自照顾孩子,直到送幼儿园。丈夫认为孩子入园了,可以找个工作干了,可是非常不放心别人接送孩子,想到路上人多车多,她就害怕孩子有危险,再加上现在人们总传有骗子专门冒充家人或朋友去接园,所以她就是放不开,工作也没法儿干。一直到孩子入小学,丈夫一个人的经济压力较大,希望妻子也能有一份收入,毕竟家里还有老人帮着可以接送孩子。可是这位妈妈又有了新的顾虑,她认为孩子上了小学必须要家长监督学习,不然成绩跟不上,学习不好怎么办?于是她每天都要坐在孩子身边陪着写作业,孩子不睡她也不睡,时间一长,孩子养成了习惯,没有妈妈陪在边上,自己就不知道该怎么写作业。眼看着孩子一天天长大,她也因为脱离职场十多年，不知道该怎么办，最大的问题在于她把自己整个奉献给了孩子，可孩子和丈夫似乎并不领情。有一次孩子说："看人家李小宇他妈，年轻漂亮还是个公司主管，他们公司一起出去游玩，李小宇都参加了，妈妈你为什么不参加工作，也不找朋友聚会呢？"那一刻起，她才知道孩子并不太喜欢这么完全把自己淹没在家里，还美其名曰为了孩子的妈妈。

我是一个闲不住的人，所以一直跟我的学员，妈妈们灌输经验，不到万不得已不要把孩子当成全部。我们是妈妈不假，孩子是我们自己的孩子也不假，但不能因为孩子而放弃扮演其他角色。我们需要当一个尽职的女儿，还要扮演一个合格的妻子，只有这样，我们才是多元的，才是孩子眼中一个有血有肉、有社会活动力、自我价值更大化的妈妈。

把孩子视为全部的妈妈会有一个弊病，就是太把孩子当回事，凡事都要以孩子为重。因为在孩子身上投入太多，相应地就想得到太多，一旦孩子没有达到妈妈的理想状态，妈妈会失望，以为自己付出和回报不对等，那么孩子因为无法"回报"妈妈而有压力。

很多女人把"母亲"作为自己人生的唯一标签，自己所有的生活全部围绕着孩子，这样，等到孩子一旦离开，心里肯定无法承受。

龙应台曾说："我慢慢地、慢慢地了解到，所谓父女母子一场，只不过意味着，你和他的缘分就是今生今世不断地在目送他的背影渐行渐远。你站在小路的这一端，看着他逐渐消失在小路转弯的地方，而且，他用背影默默告诉你：不必追。"

所以，母亲们，如果我们为了孩子，放弃自己的一切，将来的亲情将是填不满的空虚。对孩子来说，也是不公平的啊，因为，他并没有要求你这么做。我们不仅仅要当好母亲，更要勇敢地投入到竞争的洪流中去实现自己的人生价值，时刻记得，孩子不是我们的全部，还有很多的精彩等着我们去创造和探索。

孩子虽然是我们的唯一，但父母也要有自己的生活。这里我想引用一句荣格的话："父母对孩子的最不好的影响莫过于让孩子觉得他们的父母没有好好过日子。"从我的理解来说，这里面有两层意思。第一层，父母对孩子的教育过程当中，最主要的是保持良好的夫妻关系，让孩子看到，在工作之外，你还能处理好你和配偶的关系，并且父母之间的关系是充满着爱的。第二层，他们的父母有自己的日子，任何一方都有自己的价值，都有自己努力和追求的东西。如果父母一切为了孩子，那么他们自己在哪里？

给孩子树立正面榜样

常言道，孩子是复印件，父母才是原件，有什么样的父母通常就会教出什么样的孩子。身教重于言行，父母的言行举止是影响孩子成长的重要因素。因此，父母在教给孩子认识世界、改变世界的知识以外，还应当注重自身的言行对孩子的影响。父母对孩子的启蒙来自于给孩子树立一个什么样的榜样。

孩子的日常生活中与父母接触最多，因此，父母的行为也无时无刻地在影响着孩子的行为。中国人讲究言传身教，言传身教的意义在于家长并非仅仅只通过语言即能达到教育的目的，还要通过自身的行为成为孩子的榜样，从而让孩子树立正确的人生观和价值观。别以为孩子小，他时刻都在模仿，父母的行为举止无论对错都首先成为他们模仿的对象，甚至会影响到孩子将来的处世方式及能力。有些家长不管孩子是否在场，一语不合便争得面红耳赤，有些家长平日里看书本上教育孩子不要乱扔垃圾，不要乱闯红灯，结果自己带孩子外出时就全然忘记这些细节。

有一次在超市里，看到过一幕场景，一对老人带着一个孩子逛超市的散装水果区，孩子随手拿起两颗车厘子，我个人内心邪恶地想着，我要看看这对老人怎么处理。结果那位爷爷从孩子的手里轻轻拿过来，说："宝贝想吃吗？爷爷给买。"孩子只是觉得好玩儿，并没有想着买，听爷爷这么说就又轻轻放回了散装水果堆上。我之所以会把人性往坏的一方面想，是同样的场景我在一个超市也遇到过，一对年轻的夫妻带着孩子逛超市，趁理货的工作人员没注意，孩子把一个橘子偷偷装在了自己的外衣兜里，父母并没有制止也没有表示出任何的尴尬。我觉得这的确是一件小事，但长辈们不同的态度就给孩子树立了不同的榜样，起到了不同的作用。有可能把两个原本很纯粹的孩子带向了不同的价值观里。

有一次我们组织亲子活动，参观博物馆。由于当天参观博物馆的人太多，局面一度十分混乱。在排队参观的过程中，有两位家长互不相让，并指责对方不守规矩，乱插队，争吵还没结束，两个人又推推搡搡动起了手，孩子被家长们的举动吓得大声哭起来。当时两个动手的家长并没有意识到他们的行为给孩子留下了什么样的印象。进入了博物馆内，有的家长无视馆内的"禁止拍照"和"禁止触摸"的牌子，依然不管不顾地拿着手机不停地拍着，当时孩子很不解地问我，"春天老师，为什么馆内规定不让拍照，有的人还拍照呢?"而我一时不知该如何应对孩子的问题。就像很多次开车在路上,看到有一些司机,明明知道等红灯压线是不对的,偏偏去压;有些过马路的人,明明知道不能闯红灯,却依然要闯。我不能跟孩子说这些人眼睛有问题,只能说他们不太遵守规则。

家长如果自己做不到身教,再多的言传都是空话。孩子如果说是家长的一面镜子,那么当你发现孩子身上有什么缺点时不妨先在自己身上找找,找到症结所在,问题自然迎刃而解。

蒙特利梭说,孩子有一种天生将环境中所有东西都吸收进去的能力,这个能力就是儿童的吸收性心智。儿童将他们所处的环境完全"吃"进自己的心理中,形成了自己的"心理肌肉"。所以,儿童形成什么样的心理肌肉,取决于他生活在什么样的环境中,这个环境包括物质的环境和人文的环境,而人文环境尤为重要。儿童的这种吸收性心理的特质,说明他们的成长是一种自我创造的过程,在这个自我成长的过程中,成人不是教他们学习什么,而是在发展的过程中,帮助他们的心理形成。创建一个有丰富"材料"的环境是一部分;成人的言行举止、思维模式、价值观以及成人潜在的心理等是儿童环境的另一部分。从这个角度来看,父母似乎在不知不觉中就成为了孩子的榜样。

有个家长在课上给我们分享过他的故事,他说:"我是个开车有点暴躁的人,常会边开边骂其他的司机,只有爱人在车上的时候会比较收敛,因为她会说我。都是我接送孩子上下学,老大在车上应该是学到了我的那点坏脾气,有一回有车子挡到我们的路,我还没开骂,就听到后座有声音说:'向他按喇叭!'我有点好笑又好气。原来孩子默默在学着我的情绪反应啊。可是人老了要改变真的不容易,现在老二也是学到了我开车的坏脾气,看到有车挡住我们,会直接说'坏坏'。"

以上的例子,不知道大家是否觉得很熟悉呢?很多时候,当我们在责难孩子不该随便生气、不该任性的同时,我们是否有停下来检视一下自己的行为,或许就是因为每天的耳濡目染,造就了他们今天的样貌。

好的榜样示范,是父母获得威信的重要来源,是教育孩子的前提和基础。在今天这样一个多元社会,语言的力量越发变得苍白。当我们一边拉着孩子闯红灯,一边告诉孩子要做一个遵守规则的人,孩子会信我们吗?当我们边打麻将,边怒斥孩子:"快去学习,爸爸没本事,咱家全靠你了!"孩子会怎么想?苛责孩子去做我们自己都做不到或不愿做的事,不仅达不到预期效果,还会让孩子觉得父母是一个言行不一的人,最后连做父母基本的威信都会失掉。

好的榜样示范,是父母对孩子最重要的影响和熏陶,是教育孩子的主要途径和方式。一个人的价值观、人格品质、行为准则、修养礼貌、规则界限、习惯态度等,靠单纯的说教和强制要求都无法完成。所以,父母要给孩子树立正面榜样,做好自己比管好孩子重要。

父母形象是儿女的择偶标准

人一生一般有两个家庭:一个是自己出生、成长的原生家庭,另一个是进入婚姻生活后所建立的家庭，也就是自己"当家"的家庭。

原生家庭对一个人的影响是潜移默化的，在原生家庭形成的"原生情结"，会在成长后在夫妻相处中不受意识控制地重复出现。很多夫妻在一定程度上"内化"了父母的行为方式。很多心理学家认为，在婚姻中，表面上我们是在与自己的配偶相处，其实是在不断重新经历过去自己与父母的关系。婚姻关系，可以说是我们在成长过程中，与父母互动模式的重现。这就不得不让我们反思或追溯，我们要不要在孩子还没成家的时候，给他们一个好的婚姻参照模式呢？或者说，父母的行为风格会不会给孩子一个择偶的标准呢？

一个家庭里，父亲的形象其实是要向儿子诠释一个男人的担当和责任，而对于女儿，他则要去诠释男人是什么样的，值不值得托付一生。因此，父亲在孩子成长过程当中使男孩在责任担当上面，以及女孩子对男人的正确认识方面起到了决定性的作用。父亲严谨和有力量的行为习惯，更容易在儿女的心中树立起一个比较明晰的价值标杆。

作为家中唯一的成年男性，父亲对女儿的影响是巨大的。很多女孩与异性交往的能力都与父亲的影响有关，甚至在择偶标准上，女孩们也更倾向于找一个与父亲相像的男人，当然，前提是父亲在女儿心中的形象是正面的。父亲能使女儿懂得男人的深沉和广博、荣誉与正义以及价值与意义，当父亲真诚地面对女儿，真实地表现出自己的男子气概时，女孩将学会尊重男性，平等地对待男性。与此同时，她们也将青睐那些尊重她、平等对待她的男性，避开那些有暴力倾向的男性。

母亲形象，其实是要去告诉她的儿子对女性形象的解读和想象以及女儿对未来如何当好一个妻子的理解和传承。一个温柔、平和、善良的母亲，未来儿子会以此做参照，找同样温柔善良性格好的女子为伴，同理，一个这样的母亲也会潜移默化教给自己的女儿，应该以一个什么样的女性形象去匹配自己的另一半。在我的课上，有一位妈妈，她给我讲过一个她自己的故事：

她从十二岁开始目睹自己的父亲因为爱上了别的女人经常不管她和母亲，夜不归宿成了常态，最后发展到对母亲大打出手。更让她感到恐惧和终生难忘的是，父亲爱上的小三竟然仗着父亲对她的爱，主动上门挑衅母亲。当她看着自己的母亲被小三扇了耳光且拳打脚踢而自己的父亲竟然无动于衷时，她从心里恨这个男人。后来她的母亲不堪忍受父亲的不断施暴，提出了离婚。每当她要跟父亲去要生活费的时候，她都觉得自己恶心，为什么要生在这样一个家庭，有这么一个男人做自己的父亲。这种对于父亲最早的印象让她非常惧怕男性，从高中到大学，她都不敢谈恋爱，任何一个对她示好的男人都被她拒绝，她总认为男人都不是好东西。直到有一天她被一个温柔体贴的男生感动，才敢小心翼翼开始谈恋爱。当她第一次跟着男朋友见父母的时候，男友的父亲在饭桌上把剥好的虾仁一个个放在男友母亲的碗里，时不时提醒妻子要多吃菜多喝汤的时候，那个场面让她忽然觉得委屈，自己借故躲进卫生间无声哭泣。原来，世上还有一种感情是这么温暖和美好，原来男人并不都是自己父亲那一类的角色。从此，她放心地跟男朋友恋爱、结婚，直到自己也当了妈。她说自己原本支离破碎的心怀着对男人本有的戒备和痛恨是在另一个温暖男人的保护下渐渐修复。所以，她要学习，学着如何当一个好妈妈，教育好自己的儿子，让自己的儿子不但有一个温暖的家，还要成为一个好男人。

我听了这位学员的故事蛮心酸的，作为一个母亲，我也有女儿。跟教育儿子不同之处在于，女孩的心更敏感纤细，就像一朵柔弱的花儿，需要父亲遮风挡雨，给她一片安静祥和的天空，她才能茁壮成长，最后美丽绽放。同样，家里如果有儿子，也一定要给孩子树立正面的形象，好父母才能让孩子对未来配偶有期待，不惧怕婚姻。

父母在婚姻中的表现，是孩子看待婚姻的模板，父母婚姻不幸，我们常看到的，是孩子重复父母的错误，继续不幸。但事实中，还有一种情况是，孩子为了避免延续父母婚姻的不幸，而选择一个与父亲（或母亲）拥有完全相反特质的伴侣，完全不考虑这个人本身整体是否可靠，是否是我所爱，偏执地认为：

只要他有和爸爸一样的地方就是坏；

只要他和爸爸完全不同就是好。

我常跟大家强调，所谓爱孩子的最高境界，就是教给孩子爱的能力，让他学会爱自己也爱将来的另一半。所以，为人父母的要记住，你的形象就是未来儿女的择偶标准，对于自己的形象可马虎不得。

所有的好孩子背后都有一对好父母

初来上课的家长，遇到别的父母分享自己教育经验以及孩子的优秀和进步时，都会感叹，咋别人家的孩子就那么好呢？其实我想说，孩子都是一样的孩子，都是带着原本俱足的生命能量选择了他们的父母。只是在渐渐长大的过程中，引导和启蒙的人不同，本来相同的孩子就有了很大的差距。所有好孩子的背后，不用问，一定有好父母。

很多时候父母都在想着如何让孩子变成好孩子，很少想到自己是否合格。我接触过一些家长，也了解过他们之间的感情纷争。面对那些来咨询亲子问题的家长，首先我会问他们的婚姻问题，80%的亲子问题一定因为是夫妻关系有了问题，不是妻子太强悍，太能抱怨，就是丈夫大男子主义，太不体谅。相反，那些分享家庭教育理念的好父母，孩子上进好学且懂事有教养的，大部分背后都有一对关系和谐的父母。所以，我跟他们说，婚姻是有等级的，好的夫妻关系衍生好的亲子关系，反之亦然。

上等的丈夫，回家帮助太太料理家务。他们会想到太太既要忙于工作，还要忙于家务，必定辛苦，下班回到家里，他会体恤太太的辛劳，协助太太操持家事。

中等的丈夫，回家喝茶看报，赞美太太。不会帮忙做家事的丈夫，回到家里，虽然喝茶看报纸，至少嘴巴还会赞美太太，感谢太太的付出。如此，太太再怎么辛苦，也能甘之如饴。

下等的丈夫，回家气势凌人，嫌东嫌西。最下等的丈夫，回到家里，就是一副自己最辛苦、自以为对家庭付出最多的姿态。要么嫌太太菜做得不好，要么嫌太太不会打扮，看不顺眼，东嫌西嫌，气势凌人，这是最下等的丈夫。

上等的太太，治家整洁，贤惠有礼。俗语说："家有良妻，如国有良相。"一位贤良妻子能开源节流，将家打理得妥当，维护环境整洁，态度温敬柔软，周到体贴，行仪慈孝和顺，让先生无后顾之忧。

中等的太太，慰问、赞美丈夫的辛劳。莎士比亚说："一个好妻子，除了处理家务外，还兼有慈母、良伴、恋人三种身份。"所以，治家能力差一点的太太，至少要能多说好话，要常常慰问、赞美丈夫的辛劳与付出。

下等的太太，唠叨不休，刻薄自私。下等的太太，不但不善于治家，丈夫辛苦一天回到家时她还会喋喋不休，要么嫌弃他的职业赚钱太少，要么埋怨住得不好、穿得不暖，如此只会让丈夫觉得家如监狱。

很多失败的婚姻都是因为双方不能谅解对方的辛劳，不能体会对方的付出。投射到孩子教育上也是一样，当孩子不好的时候，夫妻俩都不会从自身找原因，是否自己对孩子没有尽到教育义务，而是把没有教育好的责任推给别人。

《焦点访谈》节目曾介绍过世界中学生奥数金牌获得者安金鹏的事迹。他家里极穷，考取了重点中学，却没有钱上，父亲说："让孩子去打工，人家上了大学还没有工作呢，更何况能不能考上大学还不知道。"但母亲坚决不同意，将家里唯一的一头驴卖了供孩子上中学。孩子在中学里是唯一一位连素菜都吃不起的人，是唯一一位连肥皂都用不起的人，照这样来说，孩子在学习上全靠自己了吧？当面一问才知道，虽然这位母亲连小学都没有毕业，但她却让自己的孩子在小学前就把四则运算做得滚瓜烂熟。仅此一点，又有几个大学毕业的父母能够做到呢？

《斯宾塞的快乐教育》一书中讲过一个这样的故事：

3对新婚的年轻人在教堂祈祷：上帝啊，请赐我一个宝宝。上帝将3个天使，变成3个可爱的孩子，在3个家庭里同时出生。20年后，3对夫妇再次来到教堂。第一对夫妇说："上帝，您干吗赐我们一个暴戾、蛮横又贪婪的孩子，你为什么这样惩罚我们？"第二对夫妇说："上帝啊，您赐给我的孩子胆怯、自卑又无能，我们不知道他以后靠什么生活。"第三对夫妇说："万能的上帝啊，感谢你给我们送来了一个好孩子，他热情、聪明又有爱心，他简直成了我们快乐的源泉。"

上帝说："请审视你们自己吧！"3对夫妇忽然在心中看见了自己。第一对夫妇看见的，正是自己的暴戾、蛮横、贪婪以及婚姻生活中的终日"厮杀"；第二对夫妇看见了自己的胆怯、自卑、无能以及他们对对方的冷漠和轻蔑；第三对夫妇看见了对方的热情、聪明、有爱心和彼此的相爱。他们忽然明白了什么。上帝说："他身上的，正是你身上的，他心里的，恰是你心里的。你将什么播撒给他，他就会长出什么果实。"

所以，永远不要看着别人家的孩子如何如何优秀而耳热眼馋，好孩子的背后一定有一对好父母，在别人看不见的地方用心、用爱、用力在影响孩子和引导孩子。想要让孩子变好，先让自己变好。

父母的生活模式，孩子有样学样

最近流行一句话：你对你妻子的态度里，藏着你女儿的未来。事实上，不管是做父亲如何对待妻子，还是母亲如何对待丈夫，我们在婚姻中任性妄为，懒于经营，毁掉的不但是自己的夫妻关系，更是孩子未来在择偶中对男人（女人）的信任。因为我在前面章节就说过，孩子就是一个不知疲倦的小雷达，他们用眼睛观察父母的言行举止，然后吸收利用，甚至放大。所以，如果是好的生活模式，他们就学得很好；反之，不太好的生活模式，他们同样会放大几倍。

有一则公益广告，孩子看着妈妈给奶奶端来洗脚水并蹲下给老人洗脚，一会儿幼小的孩子也端来一盆水，一边走一边对妈妈说："妈妈，来，洗脚，我给你讲小鸭子游啊游。"我相信很多人都记得这则广告，妈妈给奶奶洗脚对孩子起了示范作用，孩子有样学样。所以，父母的身体力行才是孩子最好的榜样，你做坏榜样，孩子就学坏，你做好榜样，孩子就学好。

我有个朋友是幼儿园的创办人，有一次我与她们幼儿园合作给家长讲亲子教育课。课后我问她，作为一个经常接触不同幼儿的人，是不是真的能总结一些经验呢？她说，别的经验不敢说，但从每个宝宝的日常行为规范和言行举止，大概就能推测出这个孩子所处的家庭环境，而且推测百分之八九十正确。比如，有的孩子有良好的行为习惯，诸如按时睡觉，正确洗手，与其他小朋友合作良好，不用说，这个孩子在家里就受过良好的教育或父母平时对于孩子产生过良好的影响。让我这个朋友一直头疼的一个孩子，入园以来，脾气暴，不合群，尤其爱咬人推人，还骂脏话。别的小朋友入园3~5个月基本就能适应并学习校园规矩，行为会变得规范起来。可是这个宝宝不然，半年了，依然在早晨入园的时候大哭，平时在幼儿园的生活也不顺畅，因为不合群，自己默默坐在一边，让人看了心疼。后来，老师去跟孩子的妈妈交流才发现，孩子一直是外婆和外公带大的，老人特别娇惯孩子。平时出去玩，别的孩子只要有一点点对这个孩子不友好，大人马上就用大人的思维代替孩子去批评对方。在家里也是，孩子父母晚睡晚起，偶尔在家里的饭桌上急了骂同事、骂老板，这些话孩子就偷偷学会了。

我一直强调,父母就是孩子的参照物和榜样。大到价值观,小到一言一行,家长自身的行为在家庭教育中起着决定性的意义。不要以为只有家长有目的地同孩子谈话时才是教育孩子,家长在生活的每一瞬间都在教育着孩子。家长怎样穿衣服、怎样跟别人谈话、怎样和来客握手、怎样对待朋友和坏人以及说话时的表情和举止,都在无形中影响着孩子,不过我们自己不注意罢了。

被称为"韩国第一妈妈"的张炳慧博士,曾经将自己的三个中国继子分别送进了哈佛大学和耶鲁大学,特别是曾经被认定有学习障碍的老二,哈佛大学毕业以后在曼哈顿商界叱咤风云,成为一流的企业家。她在《好孩子的成长 99%靠妈妈》这本书中写道:孩子在成长过程中是通过模仿,从生活中一点一滴学习和积累人生经验的。忙碌了一天的她,每天回家做完家务,从来不看电视,她说:"对于忙碌了一天的我来说,看一个有趣的电视节目,放松一下紧张的大脑是一个非常不错的选择,但是,如果我看电视,孩子们也会去看电视。因此,我宁愿把看一本有趣的书当作休息。"在她的榜样影响下,三个孩子都把读书当作世界上最有趣的事。

父母的行为对孩子的影响比言语要大得多。我国也早有身教胜于言传之说,不过,这一点远未能被广大父母所接受。在许多家庭,仍然对孩子说得多,自己示范得少,忽略了榜样在家庭中的力量。只要留心,到处可以看到这样的家庭:父母坐在电视机前,一看就是三四个小时,却把孩子规定在另一间屋子里,严令其用心做功课,刻苦读书。孩子眼巴巴地看着自己的父母,天天晚上以电视为伴,书本连摸都不摸。更有甚者,一些父母,夜里或打麻将或跳舞到深夜,或聚友狂欢,在家猜拳行令,让孩子好好学习,就成为了一句空话。

我们说出的话，我们做出的事，孩子都会看在眼里，记在心里。种在心里的，以后会提取或使用，你怎样对待你的父母，你的孩子将来便会怎样对待你，就是这个道理，道理很浅显。问题是，许多父母教育孩子真的谈不上用心，因为他本人做的是这一套，而他要求或者期望孩子的是另一套，孩子对他并不信任，一旦不信任，教育效果几乎为零。

父母是第一任老师，教育孩子从每一天开始，要从每一天自己的言行举止和生活模式上下功夫。

教会孩子如何爱自己

随着资讯的便捷和网络的发达，我们以前看不到的新闻，现在很容易就能看到。所以，经常看到孩子被拐、被伤害的新闻，还有更多的是孩子在学动画片里面的情景，却在模仿的过程中出了意外，比如看了《喜羊羊和灰太狼》的孩子竟然学着里面的情节，把别的小朋友绑在树上点火烧；看了电影《超人》或《蜘蛛侠》的孩子竟然撑一把伞从自家六楼的阳台上"飞"了下来。如果说，孩子正处于凡事好奇、凡事想要模仿的年龄这些行为还尚可原谅，可我们还看到某些小学生因为不堪作业重负，结伴自杀；某些中学生，因为校园欺凌又不敢跟家里说，选择了自杀；某些高中生因为高考不理想，选择自杀；某些大学生，因嫉妒生恨在宿舍的桶装水里下毒；某些高才生，竟然撞人后还向受害人连捅多刀等新闻。

如此多的负面报道，我想问，我们的孩子怎么了？为什么如此脆弱又如此残忍？为什么如此胆小又如此胆大？他们为什么不敢对伤害自己的行为说不？为什么又在伤害别人的时候那么"勇敢"呢？究其原因，我认为是孩子没有学会爱，首先没有学会爱自己的生命，才会不顾及别人的生命。

生命教育近年来越来越流行，是因为整个社会在快速变化，这些变化会让人变得焦躁不安，会影响每个人的心态。在社会急剧变化的状态下保持淡定，对整个家庭、对教育孩子有很大的作用。过去我们在教育孩子时，总是注重教孩子技巧性的东西，很少关注如何帮助孩子建构强大的内心，因为我们自己就是这样应试着成长的。过去大多数家长很少注重自己的内在，所以现在也不会注重孩子的内在。

但我们的孩子与我们过去所处的环境完全不同，回看我们自己的过去会发现，我们当年进入社会面临竞争需要的能力和我们的孩子未来进入社会需要的能力有很大的不同。这也是为什么现在的孩子压力很大，对于父母来说，我们给孩子最好的教育并不是技巧或者知识，而是教会他每个人都要活出最好的自己。

在亲子教育咨询中，我听一个做心理咨询的老师分享过一个案例。他接触过两个孩子，因为相同的原因造成了心理上的不适和需要适应新环境的挑战。但两个孩子父母不同的解决方法，导致孩子们走向不同的结果。

两个孩子都是因为校园欺凌的事件产生的心理问题，他们都是因为父母常年不在身边，跟着爷爷奶奶生活，社会上的一些小混混掌握了他们的信息，堵在放学的路上向他们收"保护费"，如果不给或告诉别人，后果自负。小

• 学会爱，让幸福发生 •

金第一次面对这些比自己大又人多的"社会人士"吓坏了，把兜里仅有的十元钱给了他们，回到家里，忧心忡忡的小金没敢说。另一个孩子小明也遇到了同样的问题，他的处理方式是跑，结果被别人抓住拳脚相加打了一顿，并受到威胁如果下次不给钱还想跑，就打断他的腿。后来小金和小明都在电话里告诉了父母。好在父母还算负责任，都觉得孩子受到了威胁不是小事，于是放下工作回家解决。小金的父亲仗着自己人高马大，有一天接了儿子放学回家，路上正好遇到了几个混混，小金的爸爸并不怕，他提前在身上备了一把菜刀，看到小混混后，不由分说举刀追着就砍，吓得几个小青年撒腿就跑。很长一段时间在爸爸的护送下，小金的日子过得很安稳。而小明的父母首先把这件事跟老师反映，让老师多留心孩子的情绪和状态，其次在一次暗中护送孩子的过程中偷偷录下了那几个混混的视频。他们选择了找到这几个年轻人，请他们吃了一顿饭并聊了很久，同时给他们留了余地，如果就这样收手，可以成为很好的朋友，生活上的确有困难的话，小明的爸爸说可以在能力范围内帮忙，如果是诚心以大欺小、以强欺弱，他们会选择走法律途径。

正是这两种不同的解决方法对两个孩子产生了不同的影响，小明学会了合理的找方法解决问题，而让人难以置信的是，小金学会了以恶制恶，在小金初中毕业后，没考上高中的他竟然也加入了那种"恶霸"的行列。

可见，如何引导孩子爱自己同时学会爱别人，方法很关键。一不小心就会从一个极端走到另一个极端。

美国畅销书作家、两性关系专家芭芭拉·安吉丽思说："无论你遭遇的困难是什么，解决的办法都是爱。解决每一种问题的真正方法，都是来自于爱——更多的爱，而不是更少的爱；更大的热情，而不是更小的热情；更多的接纳，而不是更少的接纳。无论经历何种困境，我们都要爱自己；无论别人怎么挑战我们，我们都要爱他们；无论我们多想抗拒眼前的困境，我们都要爱它们。爱是走向满足的秘密途径，唯有带着爱心，才能得到真正的胜利。唯有去爱，才能成为我们希望变成的模样。爱是唯一的解决办法，它与生命的最高目的产生共鸣。因为这个缘故，它永远是正确的选择。"

让孩子学会爱是一个宏大的命题，爱生命是所有爱中最重要的，也是应该最早去培养的。因为，生命对于每个人只有一次，一个孩子只有爱自己的生命，才能尊重别人的生命。

为什么有些孩子，生活稍微地不尽如人意，便会结束自己的生命或伤害他人的生命？是否随着高科技的发展，人与人之间的空间距离缩小了，但心理距离却更远了，使孩子们心灵上产生了空虚和孤独感，心理问题也越发严重。而我认为，更主要的原因是青少年不理解生命最初的意义，他们不懂得生，也不了解死。

让孩子学会爱生命、爱自己吧，尤其是独生子女们，父母更要在给予孩子爱的同时，让他们学会爱。因为爱可以让孩子成为理想的自己，可以让孩子最终战胜困难和解决困难，爱让孩子每一天都过得快乐，每一天都充满幸福感。

给孩子最好的礼物——家的和谐

有一次课上，有位先生给大家分享他的故事，他是一个单身父亲，因为

"争强好胜",在与妻子离婚的时候拼尽全力拿到了孩子的抚养权。这么多年下来,他说自己过得非常辛苦,又要工作挣钱又要拉扯儿子,但他觉得值。因为,他不想让自己的儿子像自己小时候,他想当一个好父亲,他讲起了小时候的那些往事。

从他能记事开始,父母就吵架,砸锅砸碗地吵。他有一个哥哥,父母一吵架,他和哥哥就躲到桌子底下,两个人抱得紧紧的,蜷成一团。最后总是父亲摔门走了,母亲坐在一地残渣里,号啕大哭。后来他们愈演愈烈,父亲对母亲拳打脚踢,母亲有几次因为受不了父亲的打骂,竟然割过腕子,还想到过卧轨自尽。那时的他,感觉家就像地狱,在他和哥哥眼睛里,父母不是亲人,而是两个都想把彼此吃掉的魔鬼。尤其在打架的时候,他和哥哥就像没有人管的孤儿,家里被砸得面目全非,饭也没有着落,有几次因为父母不给孩子做饭,他和哥哥去河边摸鱼,哥哥掉进河里,要不是遇到同村的人搭救,已经丧命。就是这样的日子,父母一直过着、一直打着。直到他和哥哥勉强初中毕业,哥哥比他大四岁,早早跟着村里的人外出打工,算是摆脱了家里的麻烦。哥哥走后,父母还会像以前一样,一言不合就大打出手,用村子里劝架人的话说,这两个人是前世积攒下的仇,这辈子打不完,下辈子还得打。

他在家里的时候,总是无缘无故地觉得冷,背上起寒毛的诡异。他永远都需要小心翼翼,提心吊胆,他不知道什么时候,火山会爆发,又是一场灾难来临。

他长得很快,念到高一的时候,已经比父亲还高了。有一次,因为菜咸了,父亲又开始摔盘子,而且差一点把一只碗摔到母亲的脸上。他突然感觉到，这样的家庭不要也罢，这样的父亲一定得给点儿颜色让他瞧瞧，于是他出手制服了父亲，他把父亲双手反背，顶在地上，母亲惊恐地跪在他们旁边，使劲地拉他的手臂。

父亲并没有屈服，等到母亲劝开他俩以后，父亲迅速从柜子里翻出一把剪刀，向他的左臂扎了过来。他没有死，但他跟父亲之间的父子之情死了。从那天他离家出走，直到父亲出了车祸临死的那刻，他都没有原谅父亲。

分享这个故事的时候，他一个人讲得断断续续，依然听得出内心强烈的情感起伏，他说，现在他已经是40岁出头的人，按理说已经把所有的仇恨放下了。但其实上，恨已经没在了，只是感觉悲凉，那种彻头彻尾的悲凉让他觉得这辈子为何要生在这样的家庭？后来的他，最怕的事情就是过春节，看到别人家团圆的场面，听着节日欢庆的爆竹声和亲人之间的欢声笑语，他的内心就像有人在用鞭子抽自己。

而所有的听众，那一刻都眼睛湿润了，无不在内心发出感叹，对于一个人最温情的地方是家，而最残酷的记忆也是家。

这也是他跟我们说的，后来他结婚了，跟妻子也有了矛盾，但他没有走父母原来的老路，而是选择了离婚，并且用自己的爱给孩子修复因为父母离异造成的伤害。他做到了，他经常参加各种家庭教育和亲子培训课程，从一个不大敞开心扉的人，变得敢于剖析自己的伤痛，并且一直努力学习成为一个好父亲。

在经营家庭的过程中，夫妻有纷争很难免，在夫妻的纷争中，对孩子的伤害主要在于，夫妻间互相的仇恨、战争、折磨，以及父母对孩子的忽略。所以婚姻本身并不能给孩子造成伤害，伤害孩子的是态度，是夫妻之间的态度以及对待孩子的态度。所有的孩子都希望看到和睦、互相关爱的父母,父母之间的矛盾会让孩子无法承受。所以,不管家庭生活如何选择,不管父母之间的矛盾如何严重,在孩子面前,一定要能做到双方互相尊重,维护对方作为父亲或母亲的尊严。任何时候,不要把争吵和仇恨赤裸裸地暴露在孩子眼前。

可以说,全天下的父母都想给孩子最好的生活,最优越的物质条件和最优质的学习资源,但我更想说,最贵的礼物莫过于给孩子一个和谐美好的家。让孩子在回忆起家的时候,想到的是温馨和美好,而不是惊恐和无奈以及受伤的记忆。

人们常说,"幸福的家庭家家相似,不幸的家庭各有不同"。彼此体贴、关心、爱护,这种和睦、民主、愉快的家庭生活有助于孩子的身心健康;而家庭不和谐,孩子容易变得情绪敏感,在家庭的纷争中也最容易受到伤害。

在不和谐的家庭里,父母相互之间的不满情绪如得不到适当的宣泄,往往会转移到孩子身上,让他们幼小的心灵承受了本不应属于他们的负荷。无论是怎样的环境,孩子都渴望父母的爱,在家庭中这种爱的需求没有很好地被满足,往往会导致孩子到家庭以外的环境中去寻找爱和支持。父母感情的不和,家庭的破裂,给孩子的生活蒙上了永远也抹不去的阴影,幼小心灵刻下难以抚平的伤痕,使他们对自己不自信,对他人难以建立亲密的信任关系,严重的会表现为内向孤僻或自由放任。所以说家庭不和谐,孩子是最敏感的也是最容易受到伤害的。

通常来说,孩子小的时候,对家庭的依恋和变化会更敏感。一个不和谐的家庭环境,对孩子的性格影响是非常大的。孩子都有一种自我保护的心理,他们会在不友好、不安全的环境中把自己包裹起来，使自己适应这个环境，以免自己受到更大的伤害。而这种自我保护，会对他们的性格造成终生的影响，会决定他们以后的生活。所以，父母要记住，和谐的家庭在孩子眼里就是金窝，不和谐的家庭在孩子的心里是草窝，甚至是贼窝。

父母要问自己，把孩子培养成什么人

妈妈们聚在一起经常会讨论想让自己的孩子变成什么样的人，有人想让孩子成为一个会乐器的人，有人想让孩子成为一个能画画的人，有人想让孩子将来成为一个医生，有人打算把孩子培养成一个出色的工程师，有人希望孩子将来能当一名警察。其实，在我看来，这些都没有说到培养孩子的重点。

所以，父母要问问自己，我们究竟要把孩子培养成什么人？光是有一个不错的职业就够了吗？事实上，无论孩子干什么，前提都是要学会做一个懂爱的人。

把爱的种子种在孩子的生命之田，那么孩子将来无论从事哪个职业，他的心里都因为有爱、懂爱、会爱，让自己与这个世界产生最小的摩擦。有位教育家说过，培养一个与世界摩擦最小的孩子，这个孩子就有了福气和智慧。在孩子内心种下爱的种子，内心充盈爱长大的孩子，才能有爱的能力。

如果成为医生，手术刀充满了爱，救死扶伤；

如果成为老师，眼神和语言充满了爱，桃李天下；

如果成为摄影师，每个镜头充满了爱，记录温暖瞬间；

如果成为厨师，每道菜充满了爱，色香味俱全；

最主要的是，他/她会成为让自己欣赏的自己。

其实每个父母都知道，孩子总归要离开我们，走上社会，用头脑和双手创造自己的人生。

我们可以在他年幼时提供舒适的生活、极致的呵护，但我们不可能陪他一辈子。总有一天，他要独自面对这世界，自己解难题，自己担风雨，自己杀血路。所以，如果你真的爱他，就该在他离开你之前，教会他和世界相处的能力，这是你对他的最大帮助和保护。

几年前，我看过一篇关于北大考神的报道，那个孩子来自四川省，因为三次考上北大而被媒体广泛报道。为什么三次呢？因为每次考上北大以后，他总会因为在校园里不能适应集体生活而被迫退学，但第二年，他会重新再考，继续上北大，就这样折腾了三年，三考三中。当人们带着艳羡的神色问孩子的母亲是如何培养出这样学霸儿子时，母亲并没有表现出自豪，眉宇间写满了愁绪，她只说了一句话："当所有人关注我的孩子成绩那么好，智商那么高的时候，却没有人关注我孩子的情商。事实上，他就是个考试的机器，内心的心智还像个没有长大的孩子。"这位母亲跟记者讲了第一次带着儿子到北大报到时发生的一件事，那时正值北京的初秋，给儿子安排好宿舍，并打点好他要在学校里的所有事宜的时候，母亲忙得一天没有吃饭。因为晚上不能跟儿子住在一个宿舍，母亲一个人睡在北大校园的长椅上，被蚊子咬了两腿包，双腿肿胀，第二天，儿子竟然看了什么话都没说，作为母亲当时心里特别酸楚。

同样作为母亲，我看这篇报道时，心里十分辛酸。如果培养孩子只是为孩子考上名校，只为了孩子有一份出色的工作，而不在意孩子是否懂爱，是否懂体谅与孝顺，那无疑这样的孩子是有问题的。

内心没有爱或不懂爱的孩子感情是贫瘠的，将来他会以自我为中心，多数情况不会体谅别人的付出或辛苦，那么推而广之，这样的人走在社会上也很难与别人合作，很难得到别人的认可。

我还看过一个报道，一个湖南主修生物科学的博士生，从小到大父母对她呵护备至，因为孩子智商高学习好，从小学到大学直到留学，父母倾尽家财助其求学。因为她从小就比别人学习好，所以养成一种唯我独尊的姿态，口中常说别人是"蠢蛋"，但随着接触的人不同，去了国外可谓人外有人，比她学习好的大有人在，不仅如此，比她学习好且家庭条件好、个人修为高的人也是比比皆是。她渐渐感到力不从心，认为给自己预设的"女王形象"被颠覆了，她不甘心，却又不能调整心态，慢慢自我封闭，后来竟然因为精神抑郁回国。镀了金的海归在本土依然没有得到大展拳脚的机会，加上她从小不太合群，没有几个知心朋友，大学同学都对她敬而远之，所以当她听到别人都没她学历高却过得比自己好时，这个自恃清高的女孩虽然拿到了沉甸甸的博士文凭，却进了精神病院。父母爱女心切，一夜之间愁白了头，他们想不通，自己的教育方式错在哪里？是什么让他们倾心培养的孩子结局如此？

父母之爱子，要为之计深远，最深远的不是他们未来的十年，而是二十年三十年，甚至一辈子。如何让孩子成为一个内心充满爱，又能适应社会，这才是我们要在意的。否则，哪怕孩子再志得意满，再名利双收，如果他们内心不会爱，又不是一个能融入别人的人，孩子一定活得很辛苦。可谓，高处不胜寒。为人父母的终极使命，就是要培养出内心充满爱和能适应社会的孩子，孩子能在社会上活得开心、顺畅、如鱼得水、游刃有余，才是作为父母的最大成功和最高荣誉。

成为孩子无悔选择的父母

每个孩子来到一个家庭都是被动的，因为孩子没有选择父母的权利，所以一旦父母做得不好，对于孩子来说是不公平的。就像以前有一个妈妈，总是向孩子抱怨，"要不是为了你，我才不像今天这么受罪。""要不是为了你，我早就跟你爸离婚了。""要不是因为你，我至于过得这么辛苦嘛。"孩子听了也很委屈，忍无可忍的孩子可能会说，"谁让你生下我呢？"

虽然很多父母都在不断学习，渐渐不再对孩子说一些过分和伤孩子的话，但依然会有大部分父母认为，很多时候自己的不足或没有成功受了孩子拖累，或者也有一些父母抱怨自己为孩子牺牲了很多，付出了很多。诚然，每一对父母在孩子身上倾注的不只是时间和精力，还有感情和财力，但这不能成为我们养育孩子索要回报的理由，因为孩子无法选择降生在怎样的家庭，无法选择怎样的父母，所以我们要做让孩子无悔选择的父母。等到某一天，孩子为人父母时，谈论起他的父母说，父母让自己骄傲，若有来生还愿意选择这样的父母。我想，这就是为人父母最大的成功，就像歌中所唱的那样：这辈子做你的儿女没有做够，央求您呀下辈子再做我的父母。我们不奢求还有缘分下辈子让孩子选择我们成为血缘关系，只求此生不要做让孩子后悔来到这个家的父母。

很早以前看过一个故事，有一个男孩，从小被母亲溺爱娇惯，父亲则是一年半载见不到人影。从小父母没有教给孩子正确的是非观，不知道什么是对的，什么是错的，导致长大成人的他，跟别人一起偷电缆卖钱，被抓以后坐了十几年大牢。父母去监狱探监，最初他是抗拒的，跟狱警说自己没有父母，后来改造了几年，他才终于愿意见自己的父母，当他隔着窗户，看着有些苍老的父母，拿着电话的他无声地哭了。

很多第一次当父母的人都不知道教育孩子这回事怎么才算对，怎么才算错，只有被孩子真正检验后，我们才发现了自己的不足。好在，随着人们学习意识的提高，教育孩子的迫切性让很多父母开始走进课堂，听讲座看教育书，学习别人的经验，使自己尽量少犯错误，少走弯路。

诺贝尔奖获得者丁肇中先生，回忆自己的成才之路，深情地说："我的父母待我恩重如山，他们不但生育了我，抚养了我，更注重教育我，琢磨我。我的成才成器，首先应感谢我的父母——我的启蒙良师。"兵荒马乱的岁月里，童年的丁肇中没能系统接受教育，为了教育好孩子，丁观海同妻子王隽英共同商讨制定了教育儿子的方案，他们肩负了双重的教育任务，白天在大学里当教授，晚上则在家中教自己孩子读书。

无疑，在丁肇中先生的心中，他认为自己选择了一对好父母。一个孩子的感恩心就是父母最成功之处，父母不仅仅给孩子衣食住行，更多的是当他们的启蒙良师，你做对了，做好了，孩子知道，虽然有的孩子羞于表达，但他们会铭记父母一辈子的恩情。农民种庄稼，光靠爱是不行的，只有懂得种庄稼之道才能有好收成,教育孩子仅仅有爱不够,只有懂得孩子的成长规律才可以。

　　首先,好父母是身心灵合一健康的父母,一对身心灵合一健康的好父母,首先两性关系亲密度很高,因为两性关系不够好的父母,会把很多压抑和紧张的气氛带到家庭的能量场中,让自己和家人产生更多的负面情绪。其次,一对好父母是不断追求内在成长的父母,不注重内在心灵成长的父母,会变得很自我、很偏执,会处在一个很低的负面能量场中,说话做事都像千年的怨妇,让人十里之外都能感受冷风嗖嗖;注重内在心灵成长的父母,能从更高的高度来洞察孩子以及所发生的事情,这更有利于孩子的心智发展。

　　孩子是一所学校,父母能否毕业取决于孩子,让我们为人父母都能成为合格的好父母,成为孩子无悔选择的父母。

第五章

好孩子，来自有爱的家道家风

● 第五章　好孩子，来自有爱的家道家风 ●

父母好好学习，孩子天天向上

在课上我做了个调查，作为家长，在什么地方愿意给孩子花钱或者花时间？大部分的父母不假思索会说在孩子的学习上，如乐此不疲带着孩子穿梭于不同的辅导班、学习班和特长班。我又问大家，在什么地方愿意给自己花钱？大部分的家长一下子说不上来，零零星星的答案，无非是在考驾照上给自己花钱，买衣服上给自己花钱，还有父母说自从有了孩子以后，给自己花钱的地方少之又少。最后我问他们，有没有为了孩子让自己学习或者跟孩子一起学习的？很少，愿意学习让自己提高而去花钱的更是少之又少。

当然，有自主学习意识的父母已经很多，我相信未来还会更多，因为哪个父母不想儿子成龙女儿成凤？但龙和凤从何而来？种瓜得瓜，种豆得豆，撒什么种子，开什么花。也就是说，有什么样的父母，就有什么样的子女，父母先天的遗传和后天的潜移默化对子女的成长作用是举足轻重且不容忽视的。

著名教育家洛克说："教育上的错误比别的错误更不可轻犯。教育上的错误和配错了药一样，第一次弄错了，决不能借第二次第三次去补救，它们的影响是终身洗刷不掉的。"家长是孩子的第一任教师，在"不可返工的教育"中，当然要学习在前，先思考再教。

一位参加我们家庭教育课程的妈妈，她在台上不仅分享了自己学习后的深刻感悟，还分享了自己想方设法动员她的妹妹和朋友走进课堂的过程，她说："在系统学习了家长课程理念和教育模式以后，孩子取得了明显进步。"这位妈妈在以前从来没有认真地思考、反省过家庭教育的问题，从来没有意识到作为一个妈妈，不但需要照顾孩子的日常生活，更要有水平地去指导孩子，她说，从前的自己喜欢逛街、购物，常常泡在网上一泡就是半天，在孩子眼里，自己总是那个捧着手机对着屏幕不知道干什么的人。

参加学习以后，她第一次意识到"只有父母好好学习，孩子才能天天向上"的道理，第一次明白了要让孩子规矩、上进，做父母的首先要做出表率，家庭教育不是说教，而是要靠实际行动，在生活的一点一滴中培养孩子健全的人格、积极向上的精神和良好的行为习惯。从我们亲子教育课堂回家以后，她下定决心，从自身做起，她每天减少了刷手机的时间，减少了上网购物的时间，经过几次培训和学习，这位妈妈改变了，然后这种改变直接影响了自己的丈夫。从那以后，她不再像以前那么懒散，也不再烦孩子来不停问她问题。每天都坚持早起，给孩子做早餐，并且也开始关心孩子的教育问题了。爸爸妈妈调整了生活方式，生活有规律了以后，孩子渐渐地也开始自觉起床，自控能力和时间管理能力都有了很大提高，学习再也不需要家长操心了。

现在全社会都在提倡建立学习型家庭，家长应成为家庭中学习的主角，不仅要带头学习，为孩子做学习的表率，更要和孩子一起学习，相互学习。家长要在孩子面前做终身学习的榜样，用自己的行动证明终身教育是贯穿一个人生命全过程的教育，学习应该成为家庭的重要功能，成为家庭的一种生活方式。

● 第五章　好孩子，来自有爱的家道家风 ●

　　有个家长分享自己的案例，他作为一个本科毕业的"80后"爸爸，觉得自己的学识已经足够教自己的儿子了，所以平时并没有刻意学过什么。有一天，儿子放学回家说要做一个物理实验，用脸盆和镜子以及外面的光线折射做一个彩虹实验。当时他认为孩子在开玩笑，刚上三年级的孩子怎么可能完成？他起初是不相信的，结果儿子准备工作的一步步就位，然后儿子按照学校老师教的方法真把彩虹折射到了墙面上。他忽然觉得应该向孩子学习，尤其在听了孩子说，他们班上有个孩子的妈妈是个特别厉害的演讲人，她还去他们班给孩子们做过演讲，这位爸爸心里不淡定了。孩子们每天都在接触新知识，他们像是一块块海绵，贪婪地吸着养料，自己仗着本科学历竟然认为可以不再继续学习。于是，他和妻子合计，干脆不再天天盯着孩子的学习，自己去学习营造好一个积极学习的氛围，孩子不用说也会被影响。他报考了《律师执业资格证》的考试，妻子原本是一个公司的会计，看到丈夫要提高自己，她也不甘落后，也报了《初级会计职称》考试。每天晚上，孩子看着爸爸下了班虽然有些累，但依然坚持看那些又重又厚的法律书籍，妈妈收拾完家务也安静地开始看自己的考试教材，孩子一下子就改了以往天天不想做作业就想看电视的毛病，也主动开始学习，做完了老师留的作业，看着父母依旧在学习，自己还会找一些好的课外读物来读。

　　这位爸爸说，他没想到自己变成了一个爱学习的人，对家庭影响那么大，老婆孩子都受益。最大的好处是，因为各自有要完成的学习任务，所以夫妻之间不再拌嘴，对于孩子的教育问题也不再有分歧。可见把时间用在学习上，就没有时间浪费在无意义方面了。现在这位爸爸已经通过了司法考试，即将成为一名律师，孩子也以第三名的好成绩考入了西昌一中俊波外国语学校，这样的成绩,是学习带来的。

教育家苏霍姆林斯基说过,不管是什么人,如果他不善于教育自己,就不可能教育别人。认真读这句话,是很有道理的。当我们父母有了学习的意识,相信孩子也会受到影响,哪怕是不爱学习的孩子也会变得爱学习,如果是爱学习的孩子,那么他/她会变得更好。

做懂教育负责任的父母

在家庭教育中,如果把家长进行分类,那么大致有三类:A类家长,懂教育、负责任。这类家长对孩子非常负责任,他们通过不断的学习和探索,懂得教育的真谛,拥有教子的智慧,能够运用正确的教育观念、原则和方法引导和教育孩子。B类家长,不懂教育、不负责任。这类家长,继承了父母的家庭教育方法,信奉"棍棒底下出孝子,该出手时就出手",以"散养"的方式来教育孩子。想当年,我们那个年代,父母哪懂得教育我们,能解决我们的温饱问题就可以了,我们不是照样能成才吗?当我与众多的家长谈到家庭教育问题时,他们也常常产生这样的疑问。其实,那个年代的家长虽然不懂教育,但当时的社会有主流的价值观——诚实、守信、积极向上。每个人都是社会的一分子,改变不了社会,只能去适应社会。那个年代,即使父母不教育孩子,整个社会也在教育孩子。因此,那时的孩子问题较少或者说问题孩子较少,这不是家长的功劳,是整个社会的功劳。当今社会,想成为

● 第五章　好孩子，来自有爱的家道家风 ●

"不懂教育，不负责任"的家长都是不可能的，因为社会环境发生巨大的变化，我们现在所处的环境，追求物质成功，网络、手机和各种不良信息侵蚀着我们孩子的思想和观念，影响他们的身心健康。如果家长不站出来，"懂教育，负责任"地教育孩子，那我们的孩子会不会被社会所影响呢？C类家长，不懂教育、特负责任。这一类家长，想必特别多，他们不懂教育，不会教育，却非常负责任地为孩子的未来着想，给孩子物质上的满足、智力开发、才华培养，费尽心思地"不让孩子输在起跑线上"，可最终结果却让很多孩子"输在了跑步的过程之中"或是"跌倒在终点线前"。

从以上的对比中，我们可以看出，做"懂教育，负责任"的家长是不二选择。但我想，当家长本身就不容易，当一个好家长更不容易。为了我们的孩子，我们别无选择，应该成为一名"懂教育，负责任"的智慧型家长。

说到真正懂教育负责任，我想起一个非常好的案例，分享给大家，就是作家刘墉让他的儿子考零分的故事。下面是刘轩的自述：

我在台湾还没读完小学就跟着父亲举家搬迁到了美国。

进入中学后，我开始叛逆。然后就变成了一个让老师头疼的孩子：调皮、厌学、爱做白日梦，每天憧憬的就是变成一个像迈克尔·舒马赫那样的F1赛车手。我的成绩很糟糕，不知道从什么时候开始，我的成绩变成了雷打不动的"C"，这让教过我的所有老师都无计可施。

刘墉终于忍不住找我谈话了，在我12岁之后，他就跟我说，我可以直呼他的名字，当然我想叫他爸爸，他也很欢迎。鉴于他对我一直比较宽松，所以我多半时候称呼他为爸爸，偶尔觉得心情不好的时候，才会叫他刘墉，现在他就我的学习成绩与我展开讨论，我的心情就开始不好了。

面对孩子，父亲订下考零分的约定。

他先是冲着我意味深长地笑了笑，这个笑容在我看来很阴险。

刘墉对我说："你的老师告诉我，你现在整天梦想着当舒马赫那样的赛车手，变得不爱学习了，对吗？"

"是的。"

我感觉他的话里有一些鄙视的成分，这是对一个14岁少年尊严的莫大侮辱，我有点挑衅地说："舒马赫是我的偶像，他像我这么大时，成绩也很糟糕，他还考过零分，现在不照样当了世界顶级赛车手？"

刘墉突然爽朗地笑了起来，那笑声让我觉得有点阴鸷的味道："他考了零分，当了赛车手。可是，你从来就没有考过零分啊，每次都是'C'。"说完，他的手从背后亮出来，冲着我，扬了扬手中那张成绩单。

他竟然笑话我没有考过零分？我真的觉得自己受到了侮辱。我咽了一口唾沫，从喉咙里发出低沉的声音："那么，你希望我考个零分给你看看吗？"

他往椅子背上一靠，摆出一个坐得很舒服的姿势，笑了："好啊，你这个主意很不错！那就让我们打个赌吧，你要是考了零分，那么以后你的学业一切自便，我绝不干涉。可是，你一天没有考到零分，就必须服从我的管理，按照我的规定去好好学习，如何？"

我们很认真地击掌为盟，我在心里已经开始窃笑不已了，我觉得自己遇到了一个天底下最可爱，也最愚蠢的父亲。但是，既然是"考"，那就得遵守必要的考试规则：试卷必须答完，不能一字不填交白卷，也不能留着题目不答，更不能离场逃脱，如果那样的话即视为违约。

这还不简单？我的心里发出快乐的鸣叫，不假思索地答道："没有问题！"

第五章　好孩子，来自有爱的家道家风

没有想到，考零分是一件这么难的事！

很快便迎来了考试，发下试卷后，我快速地填好自己的名字，开始答卷。反正这些该死的试题我平时就有3/5不会，考个零分不会是什么难事吧。第一题是这样的：在第二次世界大战中，指挥美国人民反击纳粹的时任总统是谁？下面有三个备选答案：卡特、罗斯福、艾森豪威尔，我知道是罗斯福，却故意在答题卡上涂下了艾森豪威尔的名字。

接下来的几道题都是如此，毕竟试题是按先易后难的原则出的，试题的难度不断增加，在做后面的题时，我并不知道哪个是正确答案，所以答题时就开始犯难。但按照约定，试卷上的题不能空着不答，最后我只能硬着头皮，像以往那样乱蒙一通。

走出考场，我忽然发现自己手心里竟然出了汗。第一次感觉到，原来考零分也很难！我的心情开始沮丧，因为我觉得我极可能在乱蒙的时候蒙到了正确答案，如果那样的话，我就考不了零分了。

试卷结果出来了，是可恶的"C"，而不是可爱的"0"！

我灰头土脸地带着试卷回家，刘墉笑眯眯地走过来，提醒我："咱们可是有约在先哦，如果你没有考到零分，必须听从我的指挥和安排。"

我低下头，暗骂自己不争气，竟然连个零分都考不到。

同时也在心里做好了最坏的准备，他还能怎么指挥我？无非是让我好好努力早日考到A而已嘛！刘墉煞有其事地清了清嗓子，说出了他对我的命令："现在，我拜托你早一天考到零分，或者说，你近期的学习目标得向零分冲刺！哪一天考到了零分，哪一天你就获得自由！"

我差点以为我的耳朵坏掉了，或者差点以为刘墉的脑子坏掉了。这样的

学会爱，让幸福发生

大好机会送到他手上，他竟然将我轻轻放过，并且无限制地给我发补救的机会？

为了考零分，我开始不由自主地学习。

和考零分相比，考A我觉得还是前者更容易一些。于是，我看到了一丝曙光，很快又迎来了第二次考试，结局还是一样，又是"C"！第三次、第四次……我一次又一次地向零分冲刺，为了早日考到零分，我开始不由自主地努力学习。然后，我开始发现自己有把握做错的题越来越多。换句话说，我会做的题越来越多。

一年后，我成功地考到了第一个零分！也就是说，试卷上所有的题目我都会做，每一题我都能判断出哪个答案正确，哪个答案是错误的。

有能力考A的学生，才有能力考零分。

刘墉那天很高兴，亲自下厨房做了一桌菜，端起酒杯大声宣布："刘轩，祝贺你，终于考到了零分！"他冲我眨眨眼，加了一句话："有能力考到A的学生，才有本事考出零分。这个道理你现在应该已经知道，不过我是早就计划好了，你被我耍了，哈哈哈！"

的确，我承认我被刘墉——我的爸爸耍了。在这个赌局中，其实我的一举一动，都早已经在他的预料之中，把考满分的要求换成考零分，我就觉得容易接受得多，并且愿意为了达到这个目标而努力，真不知道他是怎么想的。

后来，我考上了哈佛，读完硕士，正在读博士，译了书、写了书，拿了音乐奖，获得了表演奖。似乎在18岁以后，我就再也不去想做舒马赫第二了，我觉得我完全可以做到刘轩第一。

看完这个故事，相信很多人跟我一样被这样的教育方法折服，也佩服刘墉的教子有方。他既不用说教又不去拿自己孩子跟别人比较，甚至也没有任何情绪，而是靠智慧让孩子既享受了整个自以为是的过程，又意识到这种自以为是不完全正确，最厉害的是，靠这种逆向思维让刘轩收获更多，也懂得了父亲的智慧用心。其实，我们普通父母都可以变成懂教育且负责任的人。具体怎么做呢？首先，就是我前面说的，父母要学习。其次，就是要改变陈旧的教育思维。

很多父母都有教育孩子的本能，但很少有人会停下来思考，我究竟会不会教育孩子。我们生长在中国，我们的血液里也不知不觉地自动遗传了教育的认识，这就是教育基因的惯性遗传。由于教育基因有惯性遗传，每个家长几乎不需要有任何认真考虑就可以立即拿出一套"头头是道"的教育方法和教育态度，从而一生只做孩子教育的执行者，却很少做孩子教育的思考者。你对自己孩子的教育中总能找到你父母对你的教育的影子，总能找到你周围人对孩子的教育的影子，这使得一个国家、一个民族的教育状况在整体上总难跳出相同相似的大圈子。因此，为人父母不管你是什么学历，都不可太自信地、直截了当地对孩子进行不假思索的教育，而要耐心地、谦虚地从头学习和研究孩子的个性化的教育问题，要思考如何摆脱自己对教育的片面认识和不自觉继承，进而实现"教育突围"。

一位母亲对我说："我感谢我的孩子，在伴随他成长的过程中，我看到了一面镜子，在这面镜子的映照下，我看到了自己的问题，孩子身上放大了我的问题，也提示了我很多正面问题和改善自己的方式，我在教育他，更是在教育自己。"这就是一种成长思维，当负责任、懂教育的家长，就要具备这样的思维。

要做"懂"孩子的父母，很多家长自信地说，孩子是我生我养的，我还能对他不了解吗？事实上不了解自己孩子的家长比比皆是。有的"全职"家长尽管天天和孩子在一起，但完全是孩子面前的陌生人。懂孩子是有一定技术难度的，甚至需要点天分，就比如很多人都在养小猫小狗，可养起来大不一样，有的人就可以和自己家的宠物"说话"，但有的人就是在傻养，懂孩子也和懂宠物一样，需要你用心观察思考才能懂。

不要忽略孩子，很多父母很忙，忙着赚钱忙着工作，把孩子托付给老人，甚至让孩子成了留守儿童，还美其名曰这是为了孩子好，为了给他更好的未来。其实这就是一种忽视，忽视孩子成长的不可逆，忽视陪伴的重要性，忽视自己的责任。如果能意识到对于孩子的忽视，父母就具备了成长的思维。

除了以上的这几点，我觉得还有最重要的一点是，家长要树立终身学习的意识，这样才能适应社会发展的要求，提前准备，学会变通，努力提高自己的素质，不至于在遇到新问题时手忙脚乱，这样对教育孩子也绝对有好处，在学习中渐渐懂教育，这样才是一个合格和负责任的父母。

家风是最直接、最经常的教育

那么怎样对孩子的教育才算负责任呢，不仅是让他有独立的思考力、爱的能力还要具备强大的社会活动能力，最终检验我们是否成功的却是社会这个大熔炉，是钢是铁还是泥都要在其中进行煅烧才能分出优劣。思考力、爱的能力甚至融入社会能力都依赖于孩子从小所接触的家道和家风。

为什么教育要讲家道？家道传承可以影响孩子一生的内在发展，因为小孩是自己的，也是社会的，是天地的。小孩教不好，从小的方面来说影响自己家庭；从大的方面来讲影响社会，也有负天地之恩。把孩子教育好，责任重大。

家道是指家庭赖以成立与维持的规则和道理，家风是指一个家庭或家族的传统风尚、门风，家学是指血缘家庭为单位的全部文化、技能及价值体系。

《说文解字》中对"教育"是这样解释的："教，上所施，下所效也"，"育，教子始作善也"。所以我们的家庭教育应当是一点一滴的言传身教，一点一滴的善的熏陶。

比如，在家里和长辈共餐时，很多妈妈往往将第一筷子菜夹给孩子，说："宝贝快吃！这是妈妈特意给你做的。"爷爷奶奶也不示弱，纷纷夹菜到孙儿碗里，"这个菜也有营养，宝宝得多吃。"

孩子过生日，全家人忙着给孩子订生日蛋糕、给孩子买玩具和给孩子买零食，这个时候，孩子俨然就是全家的"最高权威"，所有的人都围着他转。

这样的场景是不是很熟悉？第一口菜不见得比第二口、第三口菜营养更多，却让孩子学会了自私，认为自己是家庭中最重要的人。于是吃饭时，父母都还没有坐到桌前，孩子已经扑上来，把喜欢的菜吃了一大半。孩子不是不能过生日，而是应该让孩子知道，他的生日是母亲的受难日，也不要让孩子觉得生日是多么的重要，应该让他知道一家人在一起，和和美美以及彼此相爱才是更重要的东西。

所以，有教育家说过，饭桌上先让孩子吃饭是在培养孩子的目中无人。

好的家道家风是长幼有序，吃饭一定要请爷爷奶奶、姥姥姥爷先上桌；哪怕很饿，也要等在厨房里的妈妈忙完坐上了桌才吃饭；不要让孩子把喜欢的菜全部吃掉，不喜欢的菜却理都不理，这些看似小事，实则不小。人们常言，一个家里如何对待老人，能看出这个家的家风是不是醇厚。上行下效，才是家道家风。

程允升曾说过："阴阳和而后雨泽降，夫妇和而后家道成。"父母是人伦之始，阴阳之道，阴为母，阳为父。阴阳和，才能万物生长，阴阳不合，精神痛苦，情不投意不合，即子女不听话、不孝顺，首先要问自己是否也不孝顺老人，是否有做得不对的地方。对上不认可父母（老人）的功德，那么对下（子女）怎么教育都不会到位的。

好的家风，父母要成为孩子的导师。清代的曾国藩家风为世人所重，学习效法者众多。曾国藩家教开启了曾氏家族的繁荣局面，但这个家族在曾国藩之后尚能绵延数代，而且代有人才，得益于郭筠（曾国藩第三子曾纪鸿夫人）、刘鉴（曾国藩弟弟曾国荃次子曾纪官夫人）为代表的曾氏家族女性，她们继承和发展了曾国藩的家教思想和理论体系，扩大了曾氏家族家教范围，推进了曾氏家风的延展。可以说曾氏家族中伟大女性才是曾氏文化世家家风核心价值代代相传的另一套文化密码，有资料显示，曾氏家族女性教养深厚，如"尺布寸缕，皆一手拮据"，却乐观豁达的曾国藩母亲；勤俭持家，夜夜绩麻奉为美谈的总督夫人欧阳氏；知书达礼，有远见卓识的富厚堂女主持郭筠与大夫第女主人刘鉴；留学归来，创办女校，服务桑梓的教育家曾宝荪（曾国藩之曾孙女）；保存国宝，献身考古事业的原南京博物馆馆长曾昭（曾国藩大弟弟曾国潢的曾孙女）；"志比泰山胸若沧海，情同白玉气贯长虹"的我国妇女运动先行者曾宪植（曾国荃的玄孙女）等。这些女性既是曾氏家风家教的受益者，也是曾氏家风家教的践行者，更是曾氏家风的传承、发扬和传播者。历史上文成公主和蕃，不仅是稳定边防，更为深远的是将中华传统文化传播到西藏，促进藏地文化发展，同时也为中华国风注入了新的元素。

《朱子治家格言》是讲求道德修养、行为规范的准则，劝人勤俭治家、安分守己的一篇家训。作者归纳了日常生活中的各种事务，给出正确处理的原则和方法，很容易让读者在生活中去运用和落实。篇幅短小，只有五十四句，五百多个字，语言凝练，读来朗朗上口，三百多年来传诵于全国，乃至东南亚华人地区，其中一些句子已成为至理名言，对当时以及后来学者产生的影响极大，对当今家长教育子女有重要的现实意义。

别的国家对于我们中国人的负面报道屡见不鲜，尤其是旅游季节，竟然有些景点不对中国人开放，甚至在一个公共场合文明提示语独独用中文标明，这些说明什么？说明我们被别人排斥或防范，因为别人看到过我们国家同胞在景区的不文明行为。

曾经一个中国小朋友去埃及旅游，在一个非常著名的雕塑上刻下了自己的大名，就像孙猴子在如来佛手上写"到此一游"一样。结果该孩子在网络上被人肉搜索，面对被扒出的学校、家庭甚至父母的工作单位的孩子，其父母并没有出来替孩子道歉，而是指责和抱怨社会舆论太疯狂，人们为什么不放过这么小的孩子，把自己孩子的生活逼到了绝望的境地。

事实上，最该道歉的是孩子的父母，是他们没有给孩子好的家风和家道，没有教会孩子什么是良好的行为规范，孩子没有教育好，才给孩子和自己的家庭带来伤害。父母太过自以为是，以为一个上小学的孩子还是太小不懂事，殊不知，好的教育，三岁七岁已经看到孩子一生走向。我们换一个角度来看，父母如果在平时教育上下了功夫，告诉孩子有的事情是不可为的，孩子就不可能图一时之快，把自己的大名留在别的国家珍贵的雕塑上，丢了中国的脸。

我们经常看到，在公共场合上，孩子不考虑别人的感受，大喊大叫，甚至踩踏公共物品；去旅游景区，在雕塑上乱写乱画，随手扔垃圾。这些是小事吗？如果这些行为出现在家里，也许是小事，一旦到了公共场合，再走出国门，这样的事我们还能说是小事吗？

在家里，孩子总是没大没小，对长辈不尊重。孩子没大没小原因何在？家庭"民主"怎么掌握度？如何才能培养出知书达理、不给别人添麻烦、知道什么是规矩的孩子？这就要考验我们家长的教育方式和理念了。如果父母自以为是，孩子就会目中无人。家长在教训孩子之前，应该先问问自己，我们是如何教导孩子的？孩子就像吸收力无限的海绵，他们会通过模仿，从周围的人身上学会行为和思考。

孩子毕竟是孩子，父母没有教育好的话，当他走上社会，就会有人替父母教育，到那时，孩子就会很受伤。因为他在自己的父母那儿没有学到什么是对与错，什么是该做和不该做，孩子一旦被大众所不接受，就会无所适从。

所以，有一句话说得好，当孩子在家里你没有教育他，走上社会别人就会教育他，到那时受委屈的何止是孩子？

把孩子培养成有幸福力的人

我一直认为现在的孩子要比我们那一辈人当孩子的时候"苦",不仅要陷在做也做不完的作业堆里,还要背负着家庭和长辈的期望,因为很多父母都怕孩子输在起跑线上。

事实上,之所以怕输,是因为父母都怕孩子成为"普通人",以为在这个社会位高权重,有才有钱的人才能幸福,一旦孩子变成了一个平凡又普通的人,似乎是很可怕的事情,所以孩子很累,家长也很累。

家长们都希望孩子将来是成功人士,但可能没有多少家长知道,成功人士有一个共同的特质,那就是"输得起",但现在的教育理念往往给孩子灌输的却是"不能输"的理念。其实,比起输赢,更重要的是要培养孩子拥有强大的内心和感知幸福的心智。

在我看来,家庭教育第一重要的是价值观的树立,就是要培养什么样的孩子。首先我想告诉家长,请鼓励你的孩子成为一个幸福的普通人。每个即将当父母或者已经成为父母的人都对即将出生或者即将长成的孩子有着许许多多的梦想和希望,如希望孩子将来成为科学家、外交家、世界首富、歌星、球星、明星、高考状元等。恕我直言,很多目标对家长来说实现的可能性很小很小,甚至一生都不可能实现,我们可能从情感上无法接受我们的孩子将来只是一个普通人,但是对绝大多数家庭来说,这就是现实。难道我们是一

● 学会爱，让幸福发生 ●

个普通人就没有幸福吗？我们普通人就没有权利谈幸福吗？幸福不是比谁跑得早、跑得快，比的是谁跑得远。

如果一个孩子从小就知道幸福是一种内在心智的成熟，那么，他在成长的过程中，直至将来成人以后，就不会受名利所扰，不会过分追求身外之物而搅扰了自己原本清静自足、感受幸福的心态。那么，这就是获得一种幸福的能力，拥有了这种能力的人，既能在成功之后安享成果，又能在不成功的时候不自惭形秽。

比如，日本经营之神松下幸之助回忆自己获得成功的原因时说："我获得成功，很大程度上是因为受到了上天的眷顾，他赐给我三个恩惠，让我受益无穷。第一个恩惠，我家里很穷，穷到连饭都快吃不上了，托贫穷的福，我从小就尝到了擦皮鞋、卖报纸等辛苦劳动的滋味，并以此得到了宝贵的人生经验。第二个恩惠，从一出生，我的身体就非常孱弱，托孱弱的福，我得到了锻炼身体的机会，这使得我到老年也能保持健康的身体。最后一个恩惠，就是我文化水平低，连小学都没毕业，托文化水平低的福，我向世上所有的人请教，从未怠慢过学习。"穷困、孱弱和低学历的经历，被松下的心智模式构建成生命中受益无穷的恩惠。而这种恩惠也给他带来无穷的幸福体验。他把这种幸福体验用在了生活上、事业上，最后成功经营了企业还惠及了很多人。松下幸之助之所以能取得那样的成功，天赋和机遇以及个人努力当然是前提，但更多的是他对幸福的感知能力。

每个家长都希望自己的孩子过得好。过得好的标准有哪些？是钱多、地位高还是名气大？在我看来，一个人过得好，首先，应该没有什么大的疾病，身体健康是过得好的基础。

其次，收入不能低于社会平均水平。如果你的孩子收入只有社会平均水平，但是他做了自己非常喜欢的事，内心很安静且满足，自得其乐，这就是过得好，这是你从小灌输给他的成功教育。

最后，他将来内心要有愉悦感，不仅来自于他人的评价。我们有多少人努力奋斗的动力来源，都是"他人的眼睛"，是为了他人怎么欣赏自己而拼命努力，如果得不到他人的欣赏，这个人就会垮掉。所以如果你培育出来的孩子，将来自我发展得非常好，他能很清楚地认识自己，知道自己要什么，他的努力不是为了让别人欣赏他，而是在向目标前进，他愿意做某件事，努力达到高峰，不是为了他人。这样的人，他不会感觉被外界逼迫，内心是强大的，生活上也是能过得好的。孩子即使过得不太好，也能从另一种角度解读人生，不是自怨自艾，这就是一种自我修复和疏解能力，这种能力让一个人无论在何种境遇下都能得到幸福。

在课上有个家长分享了自己的故事，她出生在一个不太富裕的家庭，兄弟姐妹多，家里全靠父亲一个人的经济收入度日。家里从来没有发生过纷争，在她的眼里父母总是默默互相支持，并没有因为生活窘迫而争吵或相互指责。尤其在几个孩子相继上学需要学费的情况下，父亲在外拼命工作，母亲在家也给人手工缝衣服赚钱补贴家用，每次夜深人静她一觉醒来发现母亲依然在灯下忙碌，就是这样一对坚韧的父母把他们兄妹几人全都送进了大学。后来有一次全家聚会，她问母亲，日子苦的时候是不是觉得生活特别糟心？母亲却说，看着几个孩子一天天长大，幸福还来不及，从来不曾糟心过。她觉得母亲是个哲人，但母亲却说，从小她的母亲告诉她，生活是一样的，感受生活的心境却因人而异。你觉得生活幸福，幸福就会悄然而至。她在母亲的影响下，变成一个乐观看生活的人，幸福感很强。在结婚后，家庭条件虽没有想象的富足，但她并没觉得有什么不尽如人意，工作勤快努力，夫妻没有太多矛盾。每次同学聚会，大家总说她是笑得最幸福的人。

我们身边不乏衣食无忧、生活富足的人，但他们不一定都觉得幸福，究其原因：其一是没有幸福力；其二是心智不对。

人生幸福的根本，就在于改善我们的心智模式，改善心智模式的过程，从本质上说是把镜子转向自己，试着看清楚自己的思考与行为如何形成，并尝试以"新视角"获得新的信息，以新的方式对其进行解读、思考和决策，这就是我们所说的幸福心智修炼。

我们的心智状况对日常生活与身心健康的影响都非常大，如果一个人有平静与稳定的心情，一定会影响他对其他人的态度与行为。也就是说，一个人保持心智状态的安静、清明与和平，外界的环境与状况很少能扰乱他。反之，如果一个人的精神状态是纷扰不安的，即使处于最安适的环境，最好的朋友们围绕着他，也很难使他平静或欢喜。这表示，我们的心理态度是决定我们感受快乐幸福以至于身体健康的极重要因素。

所以，培养一个普通而具有幸福感孩子，是我们做父母的最终使命。

幸福家庭都是什么样子

这个世界上，只有家才是永远令人无限眷恋的地方，是远征的人回来抖去一身的尘土与疲惫，放心休憩的港湾；家还是情感交流的驿站，在这里人们可以自由自在地露出纯真的笑脸，让真情自然流露，享受家庭的甜蜜和温馨；家更像一处田园，需要人用汗水辛勤地耕耘与浇灌，只有精心呵护与管理，家才能枝繁叶茂，开出幸福的花朵；家是理想的源头，是梦想的故乡，家的温暖永远激励着人奋发向上，放心大胆地去追求理想，追寻人生的真、善、美。只有家，永远是我们前进的动力和事业的后盾。

幸福家庭大抵相同，家中的夫妇婚姻美满，还有优秀的孩子。一对好夫妻是一个家的灵魂，夫妻和顺，对上就是孝敬，对下就是教育。我们每一个人从父母原生态的家庭中脱离出来组建自己的小家，既独立又牵系。所以作为父母，有义务有责任去当好幸福家庭的建筑师，用心经营幸福生活，只有经营好一个家，才能培养出一个优秀卓越的孩子。

幸福家庭都是什么样子呢？家庭社会学家提出了两种社会标准，即"自我感觉美满"的标准和"外人感觉美满"的标准。无论哪一种，它都能使人产生以下感觉：

归属感：欢乐，有人共享；痛哭，有人分担，家是人们心灵的港湾。

支持感：当你在人生的大海里沉浮，家庭的所有成员为你搭建起了永不沉没的航母。

舒畅感：回到家，你会卸下那一道道面具，或躺或立，或哭或笑，还自己一个真诚的自我。

孩子是否能变成一个优秀卓越的人，取决于父母给他们营造的家庭环境。一个家庭是否幸福和谐，是靠夫妻二人共同去承担、维护、理解、认识，光靠单一的维护双方是得不到幸福的。要做到共同理解、共同承担、共同维护、

● 学会爱，让幸福发生 ●

共同认识，必须两个人要有默契感，互相尊重、互相体贴、互相爱慕，以达到夫唱妇随的感觉，这样才能拥有幸福感。

所以，维护幸福的家庭，爸爸们要做到：

不要问你的女人窈窕身段哪里去了，请回头看看你的孩子，因为她成了你孩子的母亲。

不要问她美丽的容颜哪里去了，因为她让你在外打拼的时候如此放心。

不要怪她不去逛街，不要怪她不去买漂亮的衣服，不要怪她总是不修边幅，不要怪她没有别的女人那么美丽，因为她倾其所有给了家，给了孩子，给了你——她的男人。

妻子为家庭、为你所做的一切都是心甘情愿、不需要回报的，她是世界上最爱你的、最懂你的、最愿意为你付出一切的女人。

她是一个和你没有一点血缘关系的女人，却为你深夜不回家而牵肠挂肚。

妈妈们要做到：

不要唠叨你的丈夫懒，不求上进。言语是一把利刃，你想把你的男人变成什么样的人，你就说什么样的话，你说他是懒汉，他就会真的懒给你看；你说他是顶天立地大丈夫，他就真的变成大丈夫。

不要抱怨你的丈夫穷。穷与富，不是一个固定的数，你可能住陋室，没有汽车，想想还有比自己更穷的人。穷有穷开心，富有富伤心，过日子今天比昨天好就幸福，不是跟人比较来的幸福。

不要嫌弃你的丈夫不浪漫。生活的柴米油盐夺走人脸上的青春也会消磨掉年少的激情和浪漫，他做一顿饭就是浪漫，他能给孩子洗一次尿布就是浪漫，能陪着孩子玩一次就是浪漫。

作为父母，不要一味拿孩子跟别人比较、不要贬低孩子、不要把孩子当成挡箭牌或突破口、不要把互相的指责上升到对孩子的伤害。

男人和女人要呵护彼此，不要征服；不谈论谁是对的，追究谁是错的；讨论谁伤害了谁，谁过分了，这些都是大忌。家不是讲理，而是讲情的地方，在互爱的基础上，爱孩子，给予孩子一个可以参照的幸福家庭样板。

一个完整的家意味着一切，拥有爸爸妈妈完整的爱比什么都重要。家庭气氛，特别是家庭成员的关系，直接影响着孩子的性格、思想和品德的形成和发展，影响孩子的身心健康。尤其是低龄孩子，各方面迅速发展，美满和睦的家庭环境则为他们的健康成长奠定了最基本的基石。父母互敬互爱，家庭生活井然有序，孩子可以无忧无虑，热爱生活，对周围的事物充满好奇与求知欲。研究表明在恩爱家庭生活中的孩子，不但心理比较健康，而且智商也高，美国一位心理学家对4000多名独生子女调查发现：家庭气氛和睦、常有笑声相伴的家庭，孩子的智商比不和睦家庭的孩子智商高。所以，幸福家庭样子就是维护一场幸福婚姻，让孩子在父母幸福的状态下长大，学会如何与异性相处，未来如何收获一段美好婚姻。

爱己爱人爱家，爱是修行

接近尾声时，我想起了当时想要写这本书的初衷，我接触过很多亲子关系处理得不太好的家长，也目睹过因夫妻关系处理不好，带给家人伤害的案例。我在思考之所以教育孩子吃力，亲情爱情关系不和睦，不单单是教育方法有了问题，爱的能力也有了问题。因此，我想唤醒人们爱的意识和培养一个人爱的能力，虽然我一直在摸索的道路上，但我愿意，用一己之力，推开爱的和谐之门。

网上有一段非常知名的话是这样说的：

不是从孩子身上看到了希望，你才相信孩子；而是相信孩子了，你才能看到希望；

不是孩子有责任了你才放手；而是你放手了，孩子才有责任；

不是孩子"听话"了，你才尊重孩子；而是你尊重孩子了，孩子才愿意听话；

不是孩子成长了你才任用他；而是你任用孩子了，他才能长大；

不是孩子优秀了，你才接纳孩子；而是你接纳孩子了，孩子才有能量变成优秀；

不是孩子幸福了，你才幸福；而是你幸福了，孩子才能获得幸福！

所有教育的指向，其实都是在呼唤父母学会把镜子反过来先照自己，当父母学会爱自己，学会掌控情绪和脾气，会推己及人时，才能谈得上爱别人。

如果问有了孩子的父母，想要给孩子留下什么，或者要教给孩子留下什么话？我估计回答留给孩子财富的要占多数。那么，我们有没有考虑，真正给孩子的财富是什么呢？在我看来，给孩子最大的财富就是给孩子"爱的能力"。

不要小看这种能力，有的家庭给孩子留下了很多金钱和物质，但孩子依然没有获得幸福；有的家庭给孩子留下了很多学识，但孩子依然会遭遇婚姻的变故。

不能否认，世上多数的父母都爱自己的孩子，但什么才是成功家庭教育呢？或者教育要最终靠什么检验呢？是子女考入最高学府？是他们毕业后找到一份高收入的工作？还是他们的功成名就？

我认为，最终的检验是子女未来的婚姻质量；是他们有生之年能否找到自己的灵魂伴侣，在精神层面共同成长；是他们的亲密关系能否带给他们身心的满足；是他们能不能靠着共同的爱去呵护家，呵护孩子，惠及上一辈人甚至给整个家族带来幸福。

冰心曾说："有了爱就有了一切。"爱是人类最伟大的情感，是所有高尚品质和美好道德的核心。通过教育把孩子从自然人培养成为懂得爱、珍惜爱、有爱心、有责任感的拥有健全的人格的人，让我们把爱深深地扎根在孩子的心田里，让每一个孩子都拥有一颗爱心！

苏霍姆林斯基说："没有爱，就没有教育。"这已经是教育常识了，无须讨论为什么。关键是，我们该如何爱？用嘴巴？过耳就忘！用文字？扭头就忘！收藏于心？无人能知！在我看来，爱的最大秘诀便是，用行动去呵护他人的心，也就是爱人要爱心，要爱到他人心里去。

前段时间，《朗读者》请来了作家郑渊洁，在现场他动情地说："我是羊，我生了一头小猪（他属羊，儿子属猪），我感到幸福和惬意。如果在这个世界上，羊只能生羊，马只能生马，那该成什么样子了？我爱我的小猪儿子。如果他是鸡或是蛇或是兔或是老鼠，我一样爱他，一样让他成为世界上最幸福的孩子——因为我是他爸爸。"

郑渊洁之所用自己教孩子的例子刷新了人们对于教育的新的认知，源于

● 学会爱，让幸福发生 ●

他有一个非常爱他的爸爸。他回忆，上小学的他把老师的作文题目改成《早起的虫子被鸟吃》，因为调皮被学校开除，但父亲郑洪升只对他说了一句话："孩子，没关系，我在家教你。"

在虎妈狼爸的传统教育模式中，郑洪升却甘愿当一只羊，也正是父亲的影响，郑渊洁热爱读书，成为独树一帜的童话大王。

正如郑渊洁在作品《父与子》里写到的：

"打骂孩子的爸爸都不是男子汉，是懦夫；他还不嫌弃孩子，不管孩子是什么，他都爱孩子。孩子是你生的，如果你不满意，就打自己。打孩子算什么？又不是孩子非要让你把他生出来的。"

为了让大家对于"陪伴"有一个更深刻的印象，有必要把郑渊洁老师的作品《父与子》收录在这里，希望更多的父母认真读一读，不要羡慕"别人家的孩子"，对孩子的爱不要附加其他条件。因为，你的孩子，才是独一无二的。

"我活到了应该当父亲的年龄。世界真奇妙，到了这个年龄，我的思维里就产生了一种激情，还伴随着身体里的一股原始冲动。这大概就是生命得以延续的接力棒。"说得多好，生命的接力棒，父母给孩子爱，孩子就会带着爱接力给他的下一代。

同时，我对《朗读者》请的另一个作家毕飞宇也记忆深刻。毕飞宇，已经事业有成的他在谈到与父亲之间的感情时，居然有些伤感。在他的记忆中，他的一生在漂泊，不停地搬家，他的父亲也很少在家，他们的交流很少。节目中，毕飞宇是这样说的："有一次，爸爸生病，当时没有办法，我就握着他的手，那五六分钟对我是种煎熬是种难受。四十多年来，我几乎从没这样握过他的手，从小到大没有这样的接触，没有这样的亲密。我的爸爸是一个不会爱的人，不懂得关心孩子。"

这时，主持人董卿问他："那反过来说，你就懂得如何爱吗？连拉着父亲的手都会觉得如此难受。"

毕飞宇有些尴尬，愣了一下说："其实我也不知道什么是爱，你这个话说得很好，其实我也不会爱。爱的教育也好，好的生活形态都需要好几代人一点一点去建立，我的父亲不懂得爱，也有可能二十年后，我的儿子也许会说，我的父亲不会爱。"

一个缺乏爱的孩子在长大后，即使事业有成，他的内心也始终有一个缺口，原生态家庭带给他的教育使他怯于表达，不懂如何去爱。我相信没有哪个父亲不爱孩子，只是我们很多的父亲都是典型的中国父亲，不懂得如何表达爱。他们含蓄内敛，感情从不外露，他们羞于表达爱，也不懂如何爱。但他们的爱如山般沉重，如水般深厚，需要慢慢体会。所以，一个家无论是母亲还是父亲，会爱又懂爱是多么宝贵的财富。这笔财富将伴随孩子的一生，甚至接力好几代人。

把一粒石子丢进水里，"扑通"一声在平静的水面上砸出一个坑，石子沉下去了，水面的坑会被快速抹平。但一个一个圆圆的水波纹会持续很久，越传越远，远的地方虽然波纹直径变大，但波纹会越弱。别忘了，看到的波纹只是水平的，其实石头往下沉的时候，垂直方向的影响力更深远，所以石头对水池的影响是立体的。爱，也一样存在这样的水波纹现象，爱的传播也是立体的。好的婚姻，和谐的两性关系，就是立体的传播，可能短期看不到影响，却并不代表这种传承不深远。

因此，男女在彼此选择的那一刹那，在缔结婚姻的过程中，在营造家庭氛围的不断尝试和学习中，告诉自己，这是一次修行，为自己，也为自己周围其他的亲人，为现在，也为将来，更为子孙后代。学习爱，练习爱，让爱伴随着平凡生活的每一天。

附 录

春天老师的分享

★带着爱与布施,所有的发生都是美好;带着怀疑与索取,所有的遇见都是噩梦!

我的使命是:帮助一个人将本就拥有并属于自己的生命智慧和能量拾起来,同时交回给这个人!一次课程能做的真的非常有限,不过是借由这些"有限",却是推动无限可能的开始。

★你要的那种,假如我给不了,真的很抱歉,因为我真的不愿意完全地失去自己,但不影响我对您以及所有的发生报以深深的感恩祝福!

我要的那种,假如你给不了,我知道那是因为你也有属于你的部分需要得到我的尊重,这也不会影响我们深深的欣赏与爱着彼此!

假如我们提供的恰恰是可以滋养彼此的,那真的是太幸运了!

所有的阻碍,要么是爱不够,要么是付出不够,没有其他更多的问题了!

只要你愿意,一切都是为你准备的最好资源!

★掌管自己的身体、掌管自己的意识、掌管自己的能量,懂得运用潜意识,可以在纷飞的念头里抽取最能支持自己需求的,而非被情绪带走,成为自我观点与未被满足的期待的俘虏!

处在怎样的能量,就会散发怎样的能量,也就会共振出怎样的能量,自然就能收获到相应能量!向榴梿要不来棉花的柔软,向棉花也要不来榴梿的气质!外求不易,自足轻松,只是觉醒这个过程需要你做些努力!

★扭曲的外在,源自于扭曲的内在;扭曲的孩子,源自于扭曲的养育方式；扭曲的教养方式，源自于家长对自己期待的错误满足方式和对爱的不正确表达。

★《人生需要共振》

与你能量同频的人会：

喜欢你、肯定你、欣赏你、陪伴你、珍惜你。

能量振频比你低的人会：

怀疑你、否定你、评判你、嫉妒你、攻击你。

能量振频比你高的人会：

理解你、接纳你、守护你、爱你、慈悲待你。

激活能量，提升能量，掌管能量，是终极智慧！

★有人说：上那么多课，到最后都忘了，白学了。

一位大师的话很经典："当我还是个孩子的时候，我吃过很多食物，现在已经记不起来吃过什么了。但可以肯定的是，它们中的一部分已经长成我的骨头和肉。"

★不会爱，给再多也都是伤害！

伤害，不是因为不爱，是因为不会爱！

★心灵的宫殿，不用等待他人来装修粉刷，自己动手丰衣足食，其实也唯有如此，才能让自己心满意足，除了自己没有人需要对自己负责，除了自己也没有任何人可以完全地满足自己。满足自己的捷径不是要去疯狂掠夺填补欲望，而是修身养性。

★一个人的失败，从把自己的担子转让给他人开始！
一个人的成功，从接过别人不愿意承担的责任开始！

★当不舒服的情绪升起，说明你已经处在问题区，此刻，重要的不是要忙着去消灭那些问题，而是去接纳自己的情绪，同时照顾好自己的期待！我好，你好，世界好，才是真的好！

★对于时间，我们没有办法让它停留！
但对于能力，我们却一定有办法使其提升！
如果是"不会"，那么一切都还有救，因为通过学习、行动，相信改变一定会发生！
但如果是"不信"，那么一切都无可救药，因为不相信就是拒绝，没有什么比自我决定更加强大，对于人来说，没有什么是不可以改变的，那只和你的决定有关！

★允许每一个念头升起，允许每一种感受存在，你只需要确定你想要去的地方，然后选择和那些可以支持你达成目标的念头、感受在一起，持续坚持，不懈努力，那么就一定可以梦想成真！

★把每分每秒当作生命最后一刻来过，你将更容易接近自己！

★中国的父母呀，醒来吧，孩子最关键的成长时期受父母、家庭教育、家族系统的影响很大，拥有怎样的观念真的特别重要，父母好好学习吧，这是觉醒之路！

★作为一位老师，很多人都在找寻成功之道，其实最最重要的不是才华横溢、满腹经纶、口若悬河，如果自己不能充分地"燃烧"，你拿什么去"点亮"？如果自己不是一束"光"，又拿什么去"照亮"？

★你不是你的感觉，你的感觉不是你，如果你的决定都只是因为你的感觉，那么你不是你，你是被感觉俘虏的你！

★风，经由雪山吹来，那一定是清凉的，经由花园吹来，那一定是芳香的！

★一个人的感觉，经由一颗受伤的心而来，那一定是让人难受崩溃的，如果经由丰盛富足的心而来，那一定是快乐而美好的！

★你的感觉，和外界没有关系，跟你如何解读如何定义有关系，跟你在那个片刻的能量等级有关系！

★不是他的人品有问题，所有的问题都是你给他贴上去的标签！其实究其根本原因，是我们来自不同的家庭，有不同的习惯和规则，而你却不能接受而已！

★一个女人，无论在多大年纪，生活看起来多么完美，心中都会住着一个梦想和爱自己以及自己爱的人一起去旅行的小女孩。

★很神奇的是，与从你与爱人旅行的里程数就基本可以看到两个人爱的厚度！你有多久没有和"爱"去旅行了？旅行，不仅仅是去一个地方，在旅行中，彼此的耐心、谦让、关心、脾气、习性，价值观乃至心性等都会因为旅程相处一览无余。爱，就是"谢谢你能够让我可以陪伴左右照顾你！"感恩生命中的贵人，一路相伴，欢声笑语，有你太好，真好，正好！

★你要把时间花在哪里？

好好相处，狠狠相爱，欢喜发生，天真烂漫，心无挂碍，自在逍遥，我想这才是智慧人生！

★不要害怕受伤！！！

反而要感恩那些可以给你"伤"的人，那甚至是一种恩赐！也感恩自己的敞开和配合，否则也不能留下"伤疤"！就当那些是勋章，就当那些人是给你授勋的贵人！

★所谓的情商，都经由一次一次的情伤而成长！

★心是一块田，种什么，得什么。

如果心里是快乐的种子，那么长出来的一定是笑容；

如果心里是痛苦的种子，那么长出来的一定是忧伤；

如果心里是恨的种子，那么长出来的一定是怨；

如果心里充满爱，那么长出来的一定是宽容；

如果心里有邪恶，那么长出来的一定是堕落。

★父母就是种子，孩子是开出的花结出的果！想知道孩子未来将会拥有怎样的人生，看看现在的自己，就好！如果现状或是您对孩子的未来有担心又或是想要得到更好，那么从锻造自己这颗种子开始吧！

★做相信这个世界是有美好的父母。

做面对所有的变故都可以坦然处之的父母。

这是拥有安全感的父母。

★父母的担心，就像是给孩子下了最大的毒；

因为你的担心，你会不断提醒孩子危险；

因为你的担心，你会不断地让孩子焦虑；

因为你的担心会不断做很多过分的控制和管教；

因为担心，你会教给孩子更多的防御。你会让孩子更多地处在惊恐警觉随时出击或是逃离的古怪的状态中，孩子会因此把更多的时间花在防御，而不能享受也无力去创造更多，父母因此就更加担心更加恐惧，恶性循环就此发生，这就像旋涡，一旦被卷入其中，终其一生都可能难以逃脱，有些人把这样的情况叫作"命运"！是的，如果不知道，还以为是命运主宰着自己，殊不知，正是自己一手创造了所谓的命运，父母是创造孩子和家族命运的高手，你要给自己，给孩子，给家族创造怎样的命运？是自己的一个决定而已。

★头脑层面的知道，只是知道，对改变基本没有帮助，听一听，也就过了，生活中该怎样还是怎样！正所谓"念经"没有用，"修行"才有用！

★学习之后和身边的人做分享，重要的是分享学习的感受和收获，呈现自己的成长结果，这对人才是最有帮助的，人类学习最重要而有效的方法一定不只是从听到中来，而是从榜样、自我体验和实践中来！

★一段关系，只要是相处，除非毫不在乎对方，又或者是带着目的地伪装，只要是真诚地敞开，就难免会有磕磕碰碰。因此，可怕的不是因为有矛盾冲突，而是不懂化解和处理，是不能珍惜和包容，是一直带着情绪不允许对方的一点点情绪波动，可怕的是让一个糟糕的"插曲"占据和毁灭了整个主题！这不是情商和智商的问题，是抗挫商，也就是逆商的问题！

★发生冲突矛盾等问题不可怕，可怕的是不能越过问题还要把问题扩大化，这是关系中最可怕的杀手！

★阻挡你的从来不是高山，是自己的高度；

困扰你的从来不是大海，是自己的宽广度；

能让你觉醒的，是终有一天你真正地与灵魂深处的自己相遇！

★一个人相信什么，他未来的人生就会靠近什么；

你相信什么，才能看见什么；

你看见什么，才能拥抱什么；

你拥抱什么，才能成为什么；

你所相信的，就是你的命运；

愿你喜欢笑，也喜欢自己！

★你拥有什么能量，决定你可以看到和得到的是什么；

问题是用来超越的，不是用来解决的！

★有的东西你看不见，但并不代表不存在！

就像内在那些真实的感受，你不留意不在意，又或者是不承认不接纳，可它总是会牵动着彼此，影响着所有的发生，举足轻重！

★做真实而完整的自己：

笑脸如花，尽情绽放；

泪水滴答，尽情挥洒；

与其完美，不如完整；

与其痛苦，不如成长！

★离开，是因为失望终于攒够了；

谁离开了你，你又离开了谁；

是你离开了对期待的执着；

还是你终于在乎了自己真实的感受和真的懂得去聆听和照顾一下自己内在深深的需求和渴望？

★不要沮丧，无须难过，你改变不了世界，但是却可以掌管自己的人生，这条路不通，才会有下一条路的存在！如果一条路一直很顺，其实也就失去了其他的路！期待，真的是一个特别神奇的东西，凡是执着的通常都会让人崩溃，适时的放下反而会让人圆满！

★非常有效的沟通"四步曲"：

"我看到……"（无责备的具体行为描述）

"我觉得……"（我的感受）

"我认为……"（我的观点信念）

"我希望……"（我的期待）

之所以有效，是因为在这种沟通模式中，对方能够明白我的感受、观点、期待，因而加强了彼此的了解和信任。

我相信很多人都看到过这个沟通技巧，但是为什么用的时候又觉得好像并不是那么顺畅？这个沟通很关键的前提是：我讯息表达，是表达和分享关于我自己的部分，而非我对你的要求和评判！核心是：你的起心动念，是为了控制对方？要求操控他人？还是表达一份真诚的敞开？为了表达一份真实的感受和期待？在这个背后，没有让对方必须要满足自己期待的期待，只是一份表达，对方如果给予支持，将发自内心深深的感恩，同时也可以接纳对方的拒绝，把决定权交回给对方，这就是尊重！沟通中，如果没有了尊重，那么沟通是无效的，就算拥有着爱，也是满带着刺的伤。

★努力和重复劳动的区别。

重复劳动是将时间和精力投在事情的低效率环节中，努力是将时间和精力投入在事情最高效的环节中。所以说："最可怕的是比你聪明还比你努力，而不是比你聪明的人还比你用更多的时间。"

重复劳动最大的特征就是反复地去做对事情结果没有实质影响的工作。就拿学习来说，最重要的是做对题，要充分理解每一题的思路。至于抄在错题本上的字迹是不是美观，排列是不是工整，对于解题能力不会有一点提升，没有实质影响。

★作为一位导师，要唤醒激活和带领更多的人自发自愿地积极参与到自我的学习和提升的行列中去。

孩子的成长是需要帮助的，就像游泳一样，难免呛水，甚至会溺水，父母是有义务和责任出手相助的，但是很多父母自己并不会游泳，只会在岸边着急上火，有的臭骂狂吼，这管用吗？孩子在水里无助扑腾，难受恐惧，有谁知道？父母有那么多力气骂人生气着急，为什么不懂学习做一个有能力帮助孩子的教练？有本事下来一起游，有本事就做个优秀的教练而不是发神经的魔鬼，自己不会游泳，想要下水救人，真的太危险，也无效！

★父母多一点点学习，多懂一点点心理学教育学，真的就是孩子幸事，家族幸事，国之幸事！孩子成长会面临各种问题，有些是自身成长必须面对的，也有相当部分源自父母的过度关注和焦虑。我们对自己的生活缺乏安全感又追求完美，便把孩子置于自己的控制下，期望以孩子的成功实现未完的心愿或满足虚荣心，自然会成为问题制造者。父母疗愈自己心灵的伤痕，提高心力，让内心强大、平静安定最重要。

★对于亲子，最大的伤害是父母深爱孩子但却不懂孩子；

对于父母，最大的痛苦是子女很爱父母但却不懂父母；

对于夫妻，最大的悲哀是彼此相爱但却不懂彼此！

★我是谁？——

我是整体，也是部分，一切是我，我亦是一切！

我在哪？——

我在过去，我在现在，我在未来，我无处不在，轮回流转生生不息！

我要到哪里去？——

我不用来，也不用去，我只是存在，我就在这里，一直都在，看着一切发生，缘起缘灭！

★高贵的灵魂，源自"利他"，自由的心灵，永不"索取"！

★吃药？

能治心病吗？

病是相，心是缘，而能量则牵动着你的心！

★爱需要厚度，家的稳固需要爱的厚度，就像那个棉被，天冷不怕，最怕不够厚实，不够暖。

用了多少时光真正在一起？用了多少时光真正在一起连接？用了多少时光真正在一起感受彼此、照顾守护彼此？每天忙着给自己填坑，忙着让对方给自己填坑，那不是爱，那是索取，坑洞是欲望，永远不会满足，你唯有看到，真正地看到彼此，重点是首先看到自己，你才有可能去觉知他人。

在爱中，所谓的不成熟无知愚昧，是自己坑洞太多，又没有觉知，还一味索取，歇斯底里！所谓的成熟有爱会爱，是首先可以认清自己的坑洞，愿意为自己的坑洞负起责任的同时，懂得感恩所有为填补自己坑洞做了哪怕一点贡献的人，是哪怕自己有伤痛的同时还义无反顾伸出手来为对方坑洞伤痛给予慈悲滋养，不求回报心甘情愿做自己可以做的所有贡献的人！

爱，是什么？成熟的爱是什么？真正地爱自己爱他人是什么？高品质的爱和被爱是什么？真的，爱，其实真的很简单！

是你没有可以与之共鸣的灵魂；

不是你外向话多唠叨嘴不停；

是你真的太害怕寂寞孤独被冷落；

你看到的是什么以及是怎样的，只和你心灵的底色有关。

★我认知的性感，对于女子：
有德、有礼、有节、有爱、有才！
温暖、柔软、宽广、谦卑、慈爱！

★人生有苦，苦不堪言，失去之苦、离别之痛没有人可以帮谁受苦，苦不能逃，苦无法避。作为导师，可以让更多的众生明白苦，接受苦，感恩苦，欢喜苦，就像我小时候吃药时，妈妈拿着一颗糖在一旁等着我，药不能不吃，苦不能不受，但是在苦难之外，还会有甜蜜等待，还会有人有爱，还是有爱围绕，还有希望存在，我想这是赐给生命的礼物，是黑暗中的曙光！我无法阻止黑暗，但是我一定可以带去一片光明！这是我的一生使命和人生追求！

★家庭是一切起源之根本，是所有价值之归宿！在家庭教育的学习与分享中，我感受到，这几乎可以解释所有问题的根源，乃至可以预测未来所有问题的发生！

★一个人，可以不参与教育工作，但是如果不懂教育，特别是不懂家庭教育，成功是偶然的！一个人如果懂得教育，特别是深知家庭教育的真本，成功是必然的，而且是心想事成，轻而易举！一个人可以没有文化、可以没有知识，但是不能没有常识。都说万丈高楼平地起，其实，怎么可能是平地起？一定是地基越深越稳固，才可以更高！家庭教育就是地基，人人都想要幸福快乐，都希望可以功德圆满荣耀门庭，都希望可以建立起人生的摩天大楼并且世代相传，可是又有多少人是背负着内心千斤的重压，痛苦不堪，外表冠冕堂皇，内在压抑孤独？

★不懂家庭教育，就像公司没有企业文化、没有使命、没有责任、没有目标、没有凝聚力、没有执行力、没有信仰追求，毫无意义！

★学什么，都不能不学家庭教育！
懂再多，如果不懂家、不懂人、不懂"我是谁，从哪来，要到哪里去"，那么做什么最终都将是一场空！

★人总要付出汗水泪水与经历无数的磨难，一步一步走向云端，才能感知幸福，懂得感恩，学会珍惜！

★如果，一下子就跳过了苦难，就算到了云端也不会快乐而且会摔得更惨！

★父母把孩子一下就抛向了高处，因没有及时给孩子站稳的能力，一旦要面临独立，因为缺少来自于根的支持，孩子感受到的压力可想而知！有的会选择放弃，有的会选择逃避，有的会精神分裂抑郁痛苦。

★云端，是好，是非常享受的精神世界，可问题是如果没有创造物质基础的能力，这个生命是不完整的！

★夫妻关系，亲子关系，家庭教育。

面对这些那些，很多人都说好累好累，甚至苦不堪言，是的，当你去学习"经营"的时候，其实已经晚了！最好是在发生前就可以做好充分的准备，有能力去化解和处理无法避免的差异冲击和由此产生的矛盾！有能力做出"正确的选择"加上"有效的经营"，这才可以为亲密关系、幸福家庭保驾护航！

★只要不是从真正的无条件的关心照顾帮助一个灵魂出发，所有的爱都是索取与满足自己的阴谋！

★无论学什么，只要没有教你看到和读懂一个人、看到那颗心，只要没有教你学会滋养和守护，都是会让你成为魔鬼的教程。

★所有的蜿蜒，都不影响到达；
如果成功无法定义，也没有捷径；
那么永不放弃一定是创造奇迹的法宝！

★感恩，是对爱的回应；当你枝繁叶茂，别忘了感恩默默滋养支持你的土地！感恩，是情感的流动、是真情的流露、是芬芳的蔓延、是对爱的回应；就像是血管就像是血液，如果没有，这个生命和僵尸有什么区别？

谨以此书献给全中国的父母们！！！